裂谷邊陲 等待雨臨

我們在馬拉威教中文的日子

Timakonda Malawi

武皓詠 著

推薦序

深耕是辛苦的，也是回頭才會發現它是浪漫的。

在我還是學生時，曾認識了幾個走入偏鄉的教師，那時我便非常佩服他們，他們沒有領著高於他人的薪水，卻毅然放棄都市繁華的生活，走入鄉野山林的學校，獻出他們的所學，教導那些缺乏資源的孩子。

而且他們不僅得獻出原本所學，還得在這教學的路上再學習其他的十八般武藝，幾乎是一人身兼多職。一個數學老師，學了土木水電、學了農耕烹飪，他除了教學，還得幫助那些孩子的日常生活、操心他們的柴米油鹽，他不僅僅只是老師，還是那些孩子的朋友，甚至像是家人。

放棄都市回家鄉深耕的人已經很少了，而願意放棄都市，又遠離家鄉，走入偏鄉去深耕的人則又更少。這樣做的人是少數，但這個世界是需要這樣的人的。

我對馬拉威並不熟悉，甚至在之前對它的地理位置都沒有概念，是讀了武皓詠老師這本書才認識馬拉威的，武老師筆下的馬拉威很真實，並不單純只是教書時的所見所聞，而是透過直接參與當地人的生活，在一個事件與一個事件的描述中，讓讀者看見那種日常真實。

我對武老師筆下描述的那種惡劣環境深感震驚，一些只會在教科書出現，偶而輕描淡寫提及的疾病，在那裡，都真切的發生在身邊，甚至會直接奪走人的生命。

還記得我一個學長，曾在雨林做研究，一日突然倒下，高燒不退，險些送命，而原因僅是因為一隻雨林常見的蒼蠅在他的頭皮蹭了一下。

又我另一個研究所的同學，畢業後遠赴東南亞工作，才去沒多久，卻是緊急包機回台治療，說是感染了已經絕跡百年的病毒，人差點就沒了。

而這一些，都在這個國度裡無時無刻的發生著。

走入邊陲荒野是需要勇氣的，有時候是在賭命。

這是精彩的人生體驗，也是一個認識馬拉威的機會，在一個資源緊張的國度，一個教師與當地人活下去的故事。

殺豬的牛二，誠摯推薦。

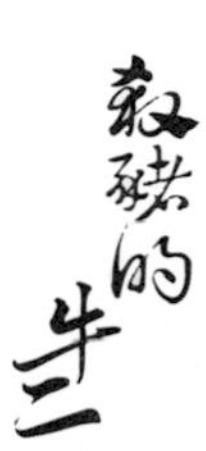

【我們的課本在哪裡？】

馬拉威教書，心得兩個詞：步步為營，體恤差異。幾箱來自天津的漢語教科書看似再普通不過，落地馬拉威後反倒成了條衝突導火線。我們任教的機構是一所歐洲富商興辦的寄宿學校，位於首都里郎威南部郊區。學校不招收富有人家的小孩，只接收貧困部落的青年，這是它的特點。就讀私立學校受本地人認定為一種殊榮與地位象徵、是富裕家庭的教育首選。開學季一到，穿著華麗的社會人士爭先恐後地牽著小孩的手走進註冊部。然而，沒錢的鄉下人家終究和優良的教育環境沒緣，只得選擇公立學校，就學資源天壤之別。遑論師資，粉筆和桌子更不足，教學品質可想而知，因此這所學校是教育界反其道而行的異類。雖然它和其他私立學校一樣聘用歐洲教師，亦使用劍橋體系出版的教科書，更從南非進口電腦與實驗設備，招生對象居然很善心地以貧窮家庭為主。

二〇一六年五月，學校與孔子學院合作，正式設立漢語課程並由天津一所國家級教育出版社提供教科書。三個月後，載滿教材的貨櫃完成清關。嶄新課程配上全新教材，我的非洲體驗順勢開始。檢閱教材的適用性是教師開課前必須履行的程序，更是教學的基本功。不過，不曾和非洲學生交手的漢語老師很容易疏忽一點：殖民史的膚色意象。開學第一個月，每個老師不約而同地在課室收到不少「抗議」。大夥兒起先弄不明白箇中原因，僅曉得學生面對課本的臉色不好看。寫筆記不願意，更甭談練習。郭老師要求學生上臺練習會話，一名女學生繃著臉，態度彆扭，把課本撕了幾頁並往天花板拋去。「那個情境好似天女散花。後來想想，他們脾氣還挺犟。」郭老師笑著回憶。馬拉威人的思維直率坦白、行事豪爽，這回見識了。校方召開評議會，針對中學生一連串的反應提出檢討。

部落公立中學的中文課，非本文主角。

非洲的近代史就是歐洲的航海殖民史，或者更精確地說：十六世紀後的歐洲航海史即為非洲人的剝削史。四百多年以來的侵略破壞了非洲原有的民族平衡，以資源採集為目標的經營導向更為非洲國家之間的邊界矛盾埋下禍根。馬拉威縱然未受內戰的干擾，英國殖民政府在制度平等上的打壓與欺凌造成的社會傷害，在二十一世紀二〇年代依舊存在。曾經活過英殖時代的那代人仍在馬拉威各地生活著，記憶猶新、五味雜陳、欲求平反。「膚色意象」是今日非洲極具敏感的議題之一，是殖民者的

經濟城市布蘭太爾有座興建於一九五〇年代的鐘塔，是英國殖民者留下的作品，亦是政府去殖民化政策下少數沒被拆除的古蹟。

象徵、黑暗史的淚痕，誰來到此地都應謹言慎行。

◆

接續不斷的怪異抗爭，困擾了老師們好一陣子，翻開課本立刻真相大白，就如晴光照耀草地那般的明朗。出版公司的銷售市場主要為歐盟和美國西岸，編輯方向自然以這些區域的學習需求為圭臬——人物圖像裡裡外外皆金髮碧眼，課文會話充滿歐美色彩，馬拉威學生不習慣。不接地氣的書本，客群有所反映是理所當然。

「我們不是白人，這本書不好。」

「這本書是給英國人的，馬拉威沒有這種名字。」

簡化漢字是教材主流方向。

「為什麼買這種課本？難道沒有給馬拉威人的課本嗎？」核心在於此句。我們的確沒見過任何一本專門寫給馬拉威人的漢語教科書。

非洲與中國的現代交流比起其他洲起步得晚，市面上流通的漢語教材屈指可數。經過這次事件，我們才明白這塊領域所需的資源有多麼缺乏。在網路書店訂購一本塞爾維亞語版的「當代中文」簡直易如反掌，然而尋找一本史瓦希利語的漢語教材難上加難，更遑論量身打造的多媒體資源，根本曠古未有。內容適用性也是大麻煩，書裡關乎旅遊、求職、修車、開戶和就醫等等再平凡不過的概念，學生一無所知。自小在極遙遠的邊陲鄉野裡長大，既沒搭過火車亦沒到過城市，所謂留學旅遊可謂天方夜譚，信用卡更是魔法世界的神奇用品。

「郭老師，飛機為何飛得起來？放了幾顆電

市郊的一所公立中學。天花板斑駁慘兮，無電授課。

池？

「禤老師，電視說中國人常用手機付錢。鈔票放哪兒呢？」

「喬老師，書裡說上海是中國最重要的『部落』（齊切瓦語「部落」的意思趨近於「居住集合體」的概念），高樓底下還建了火車站（他指地鐵），不會沉下去？」

好多問題聽起來天真，實際上隱含各種艱鉅挑戰，學校採用的零基礎等級教科書仍有難度。假如他們是荷蘭人，我們不需要解釋「投影機」。馬拉威呢？究竟多少部落小孩見過投影機上課？多少人擁有操作經驗？中國出口的教科書，教學內容是否合乎本地國情及社會需要？在馬拉威可以不懂電腦，卻不能不懂農耕生火。有個十五歲的學生來自農耕家庭，經濟貧困、生活簡樸、思想單純，自小讓一個稍微有點財力的親戚撫養。公立學校沒經費添購課本，他僅得自行準備筆記本。親戚供得起學費，剩下的錢留做家用，不能買文具。為了保證學習品質，每日下午二點放學後，直往市區的建築工地打工三個小時，工資六百克瓦查（約新臺幣二十一元）。累積的錢只許貼補學習，手機是奢侈品。他被富商招收就讀後，見到漢語課本以下的對話：

「我昨天上網買了一本漫畫書。雖然很貴，可是很好看。」

「我也上網買東西，一本字典和一個背包，一共五百元。」

難題來了。「買書」這事在他的觀念裡是付出大量勞動攢錢才獲得的行為。要他想像坐在電腦前線上刷卡？實為強人所難。若課本認定的簡易詞彙仍超過學生所承擔的生活經驗，該份教材是沒有意義的。

「廢除現有教材，再以其編排為基本參考，重新編纂符合民情的教材。插圖由教師補充選用，唯獨需經過委員會檢視。」會議結束後的隔週，浩浩蕩蕩四大箱量身訂造的漢語課本送來，空白的封面可讓學生按照喜好設計圖畫。我抱著新書走進教室，從背包取出向辦公室借來的蠟筆盒供學生作畫。四十分鐘後，一位女學生笑臉盈盈又心滿意足地交上她的藝術品。那幅畫很美：五個身穿民俗服裝的婦女們頭頂著一大竹籮盤的蘋果，在茶園阡陌間邊漫步邊笑話家常，好一道的動人情境。再仔細

中國大使館在二〇一七年贈送一百輛長城汽車製造的警車。每輛配備衛星電話，可供偏鄉地區值勤之用。中國援助項目免不了與本地人合作，精通英語的本地人不多，懂齊切瓦語的中國工程師極其鮮少。學生若能掌握英語，又說得了漢語，在經濟能量尚不發達的馬拉威必定錦鏽無窮。

一瞧，封底下方寫著一句話：

Ili ndi bukhu langa la chichina.「這是我的漢語課本。」

作者序 *Chiyambi*

在漢語教學的領域，赴外工作是常態。多數同行選擇前往歐美國家一圓教學夢，到非洲發展的人很稀少，對於非洲的概念略想一二：荒漠、燥熱、貧瘠、羚羊獅群及赤道大遷徙。抵達後才明白並非這麼一回事——東非沒有沙漠，氣候濕潤。我們在馬拉威的主要工作是漢語教學。非洲貧苦，各類問題意想不到，每個來訪的外人勢必身兼多職。對於習慣文明秩序的外國人而言，每日每夜與「不明不理」打交道是家常便飯。警察勒索抑或街民扒竊是貧窮社會無法避免的現象，每每出門前得在心裡沙盤推演。每個想去非洲工作的人，心理素質需堅強，面對各種瘋傻癲狂須穩紮。你意識到自己的能耐超乎想像：備課買不到合適的彩紙，領著學生用乾草拼漢字部件（漢字構件）；聖嬰現象導致水壩缺水，供電不穩燒壞影印機，考試前數小時自行謄寫數十人份的考題；為了實踐教案點子，潛入回收場找教材等等。

二〇二〇年七月，新冠肺炎疫情直線上升，停課進入第四個月。有位中學老師說道：病毒來源是人為而非自然。我們告知他現在沒有篤定的答案，他反駁：「你們別不懂裝懂，分明是白人利用針筒將病毒注射到蝙蝠體內，讓牠四處傳播。」我們明顯感受到他的自傲。「哪來『不懂裝懂』？聯合國公布報告了？」他說這是廣播電臺的消息：「那些聯合國的資料全是『白人假造』的數據。」我們

反問：「馬拉威是聯合國成員國，你又怎麼解釋？」全校職員和這位老師同享平等的網路條件，資訊思辨的取捨，差異立竿見影。假消息傳播開來，缺乏教育的百姓如何受到影響？社會集體選擇相信錯誤的信息，最終傷害的對象仍是自身。若非鎖國，我們未能徹底理解到彼此在非洲所面對的現實超過常規所及，而本地百姓習常的生存觀及思考模式仍只許我們這些外國人靜觀。

這本書以多位漢語教師（來自臺灣、星馬和孔子學院）的視角記錄馬拉威的教學經歷。故事時長四年，包含中文教學、文化誤差、排外暴動、勒索，也談及畢業青年走入社會所遭遇的困難及部落家訪等等。一則則各自獨立又微量連結的故事譜成我們眼中的馬拉威，但是絕非真正的馬拉威，你得親自造訪才算數。

它是什麼樣的國家？馬拉威飽存商業潛力，不曾內戰且渴求外資。它同時是個身處尷尬的國家——有次我們走進一座露天市場打算買甘蔗給學生們吃，突然幾位壯漢作勢趕人，因為他們把我們當成先前曾來這裡看地的中國商務團成員。商家後來解釋：政府與「白人」暗通款曲，要把這塊普羅大眾賴以為生的土地賣出去蓋賭場。幾週後，暴動發生。政府大樓被燒毀，亞洲人遭受牽連毆打。土地買賣宣布擱置，無底限的暴動是本地人民最有力的反抗。至於驚訝的地方：馬拉威鄉間的夜空極度清澈，透過簡易的望遠鏡即能瞧明仙女座銀河系。

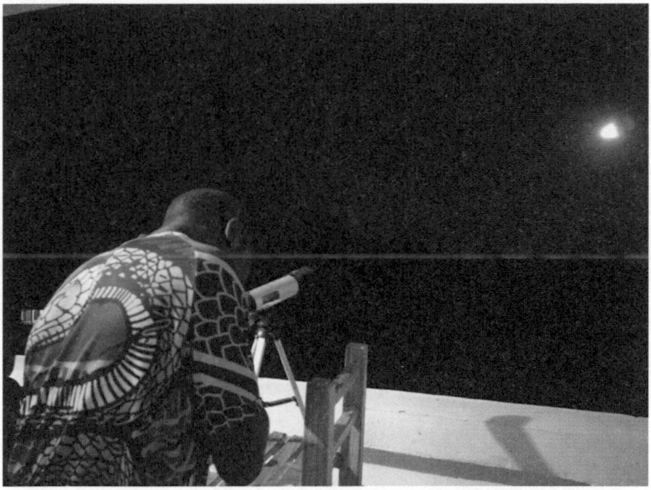
用望遠鏡看天體是很難得的經驗，學校很樂意提供各種資源充實學生的學習經驗。

M'ndandanda Wazopezekamo

目次

推薦序 002
起文——我們的課本在哪裡？ 001
作者序 *Chiyambi* 011

Chaputala 01 猴麵包樹下飄然的粉筆灰 *M'kalasi*

◆烈火燃焰 *Kufika* 020
◆背景 *Kumvetsetsa* 028
◆爬樹 *Pitani m'kalasi* 036
◆保管 *Sungani zinthu* 042
◆借取 *Zinthu zanu* 050
◆真神眷顧的足球 *Kolimbitsira thupi* 062
◆炊食 *Kudya* 076
◆與人不求備，檢身若不及 *Zipangizo zophunzitsira* 084

Chaputala 02 獨具匠心 Kuphunzitsa

◆停電 *Palibe magetsi* 096
◆妙手丹青 *Wochenjera* 102
◆*Maso athu* 112
◆天文望遠鏡 *Njira ya mt□nda* 122

Chaputala 03 翻山越嶺，梯山航海 Chochitika

◆義診 *Chipatala chaulere* 136
◆一口井的戰爭 *Nkhondo yamadzi* 146
◆禿鷹獄 *Chikomdi choletsedwa* 154
◆巫亂 *Matsenga* 160
◆巫騙 *Amanyenga* 164
◆老人池 *Dziwe la Nkhalamba* 168

M'ndandanda Wazopezekamo

目次

Chaputala04 鋼索道 Samalani

◆旋里 Mwanza 172
◆爆胎 Galimoto 176
◆薪俸 Malipiro 178
◆警察 Apolisi 182
◆以訛傳訛 Mphekesera 186
◆筋 M'mwenye 190

Chaputala 05 援 Zomangamanga

◆中日 Mzungu 198
◆公園 Thandizo 202
◆獎學金 Malipiro aku yunivesite 208

Chaputala 06 畢業 *Womaliza Maphunziro*

◆ Nyanga ya njodvu 216
◆ 頡頏 *Vairasi* 220
◆ 巴士 *Lusaka* 224
◆ 天塹 *Nyasa* 230

興衰相伴三十年 *Don* 236
照片講記 *Jambulani* 254
結語 258

Republic of Malawi

Chaputala 01

猴麵包樹下飄然的粉筆灰

M'kalasi

不曉得再度見面的日子是何時，或許永遠見不著面。我和這群青年的相處不曾間斷，他們的漢語透過我們的課而塑成。人生僅有這麼一次，一群學生的青春與外國老師們融合度過。我常懷疑幾年下來的教法及做法是否正確無虞，或者正是由於我們的停留而導致他們轉好或走壞？很多價值必須犧牲時間才能證實。

來到馬拉威的選擇使得我們付出與文明脫節的代價，不過亦換取絕無僅有的經驗。跟隨年歲走，逐漸明白很多事的變化似乎冥冥中早已注定，一念之間皆是順水推舟。身不由己是人生常態，執著回憶的空虛是會心一笑的剎那美好。過客來來去去，或許這群孩子已看明白。該說是世故還是聰慧？只希望，別太掛念過去擁有彼此的存在。我們對外漢語教師這行，永遠都在學習道別。

烈火燃焰

Kufika

【初訪非洲】

經過二十八個小時的飛行，客機終於在馬拉威首都上空滑翔。茅草土房、百頃黍田、滿山叢綠，好個非洲景象。穿著簡素的農村家民扛著農具在乾田阡陌上漫走，承載大捆木柴的自行車緩緩穿梭行走人列；衣衫破陋的孩童群聚快跑，在黃土小屋之間極速奔梭，追逐飛機大影的飄向。從機艙內望著這些孩子，彷彿也能聽見那陣興奮的喊叫聲。受到雨季亂流影響，飛機轉降南部城市布蘭太爾，距離首都六個小時的車程。

客機滑停於空曠無邊

馬拉威的晴天是許多外國人印象深刻的記憶。

的水泥地上，遊客接續走下登機梯，自行步行到航廈等待入境。抬頭看望航站樓頂上的招牌字板，再觀察內部，證件邊檢和行李運送帶皆不具國際機場的水平，設備維持八〇年代的樣式。邊檢驗證只有四條走道，每條走道一公尺寬，一百多人被迫磨肩擁擠在一個不到五十平方公尺的空間裡。查驗作業的速度極緩慢，我倒發現每個櫃檯上裝置幾組多重指紋掃瞄器，非常嶄新，估計已是機場內外最先進的設備。

【收賄】

「如果查驗櫃檯要求繳錢給他，千萬別給！這是訛詐。」出發前天，校長祕書特別寫信通知我。聽聞機場收賄陋習非常嚴重，華人給錢了事的習慣助長惡風，久而久之海關不願尊重每個來自亞洲的外國人。查驗櫃檯這次沒有索賄，安然地走過閘門領取行李，門衛卻攔住我並要求檢查，後邊數名同機的挪威旅客同樣被要求打開背包。見他掛著貪婪的微笑，打趣地掃視行李箱內部，直接了當提出需求：「給我這件牛仔褲。」我拒絕他，拉起拉鍊、拖起皮箱走離大門。兩年後，我在德國大使館舉辦的國慶宴會上把這事說給領事聽，他也透露大使館曾被索求三十輛左駕大眾汽車，只因為航警認為持有外交護照的人員可以任意進口汽車到馬拉威（事實上不可能）。

我把僅剩的十七美元在機場換匯櫃檯兌換成當地貨幣「克瓦查」（Kwacha）。克瓦查與美元的匯率漲跌幅度劇烈，「今朝貶明夕升」是平常現象。二十八個小時前的匯率是５９０：１；抵達後的數字攀升至６９０。一個國家的幣值如此浮動，怎麼可能強盛？此外，按照當天的匯率，我應該拿到１１５６０克瓦查。可是，無論我怎麼合算就是１１６６０，足足多了一百，本地的做事方式從這張多給的鈔票獲得領教。二〇二一年六月中旬離境的同事表示匯率已經超越八百。黑市價碼更好，逼近一千。

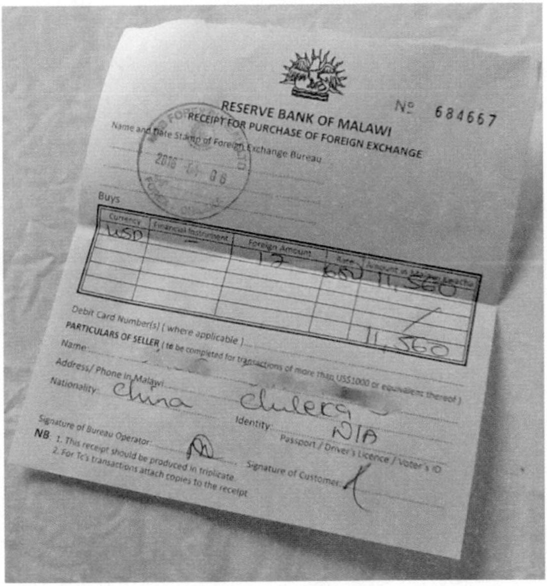

走出機場，前方巍峨岩山，山腳下是典型的農村聚落。村童們在圍欄上湊著臉向飛機揮手，Ａ３１９即將展翅再飛。村莊婦女打鼓唱歌，節奏強烈的鼓樂、奔騰熱勁的歌聲、純熟豪邁的舞步，宛若海浪的濤聲，日日夜夜在心中久久迴盪。

【抵達】

往市中心的路上景象繁榮。想要理解一個地方的發展水平，傳統市集會找到直接又誠實的答案。沒有白人集團的影響，不見中國企業的干預，部落色彩完整呈現。坑洞滿地的兩線道柏油路在黃沙飄飛的野土間蔓延彎曲，矮樹叢與野生羊群點綴其中。路人蹲坐一旁，邊曬著太陽邊喝著飲料談天。瞧見車上坐了亞洲人，興高采烈地揮手招呼，好似多年沒見的老朋友似地熱情。人行道不存在，各種攤販型態精彩：橫跨水溝槽且穩固不搖的碳烤小車、黃土坡上鋪開草席大氣叫賣的老婦人，各個伸展掙錢糊口的本事，散發著求存而激將出來的堅強生氣。外國人走進，好似名流入場般地湧來民眾，喧鬧兜售來路不明的手機配件、食品、成衣，價錢鐵定漲高數倍；烤架上的烤雞烤鴨，儘管不曉得衛生程度如何，我猜測已是此處人們眼中的上等貨。

穿過村鎮，商販音響大聲播放的搖滾音樂緩緩遠離，車子駛進寧靜的鄉郊地區，真實田園終於顯現：隱蔽樹叢的紅土磚屋、光腳踢球的青年、頭頂重物又輕鬆行走的莊稼婦人、靜謐綠茵的原始丘陵。

「妳的沙漠，現在妳在它懷抱裡了。」三毛初抵西屬撒哈拉的時候，荷西如此提醒她。

「我的馬拉威日子已經來了，不論它多麼令我感動或失望，將一直在我的肩膀上呼吸著。」馬拉威不再是地圖上的假想，而是刻骨銘心的事實。

【關於】

◎地理

南半球國家，國土面積約十一萬八千平方公里，地處東非高原末端，平均海拔為一千五百公尺。熱帶莽原氣候，雨季從十一月到四月，乾季從五月至十月，年降雨量為二千公釐，年均溫為二十五度。受到全球氣候失衡影響，二〇一六年夏季幾無雨水，造成隔年全國性饑荒；二〇一七年雨季只維持兩個月，雨量過於集中，降水量暴增、水災頻發、作物長時間泡水而腐爛，再度引發饑荒。國家無經濟作物可出口，財政出現困難，救災計劃全部取消，為二〇一九年五月總統選舉後的全國性暴動埋下伏筆。

◎政治

一九六四年七月六日獨立建國，名為「Malawi」，意指「烈火燃焰」，首都從松巴（Zomba）遷至人工城市里朗威（Lilongwe）。一九六六年憲法誕生，奠定民主共和體制。一九九四年五月全民投票直選總統，二〇一二年四月誕生史上第一位女總統。國情安定，是少數暫無內戰的非洲國家。

◎歷史

歷史記載十五世紀中期出現第一個帝國「Maravi」。一八九一年淪為英國保護地，一九〇七年改名為「Nyasaland」，版圖等同今日馬拉威，首府松巴。為了平息年漸興起的獨立運動浪潮，總督政府於一九五三年將這裡與「South Rhodesia」（南羅德西亞，辛巴威共和國前身）及「North Rhodesia」（北羅德西亞，尚比亞共和國前身）合併為新國家「中非聯邦」（Central African Federation）。一九六三年解體，三兄弟分道爬山，各自努力。

◎經濟

聯合國指出馬拉威是經濟開發最落後的國家之一，二〇二一年人均國民收入約五百六十六美元。農業出口導向，外銷玉米、菸草、甘蔗與茶葉，南非是首要貿易夥伴。國內重型工業比重低，輕型工業集中於布蘭太爾（Blantyre），生產服飾、小型家具、食品和菸草加工。馬拉威湖畔猴子灣城（Monkey Bay）與邊境小鎮姆蘭傑（Mulanje）是觀光城市。鑑於一帶一路政策，中國的貿易總量超越印度，成為馬拉威最重要的亞洲貿易國家。二〇一二年發行新紙鈔並增添一千克瓦查面額；二〇一六年十二月發行二千克瓦查；二〇二二年三月開始流通五千克瓦查紙幣。

◎人口

一千九百萬人口之中有超過百分六十五的人，生活在聯合國認定的貧窮線以下，亦是ＨＩＶ發病率最高的國家之一。受制於高度的發病率及嚴重的糧食缺乏，全國人均壽命不超過六十歲，孤兒超越五百萬名。外國移民主要來自印度、巴基斯坦、南非（荷蘭裔南非人）和莫三比克。

漢語橋比賽是馬拉威中文教育界的重大活動，中文能力達到一定程度的學生必定報名參加，優勝者有機會前往昆明參加決賽。決賽成績優異者，有資格在中國免費讀大學。

◎外交

大英國協成員國、南部非洲發展共同體和非洲聯盟會員國。一九六六年七月與中華民國建交，二〇〇八年一月斷交。中華民國曾在里朗威興建一座中式公園，為市中心知名地標。斷交隔年，中國大使館重新規劃公園，改建為國際會展中心。二〇一六年七月，孔子學院設立駐點，簡化漢字教學走進馬拉威。二〇二二年三月，馬拉威成為第五十二個簽署「一帶一路」合作備忘錄的非洲國家（非洲國家總數五十四個）。

背景

Kumvetsetsa

【學制】

馬拉威學制為「八四制」——小學義務教育（Primary School）八個年級和中學（Secondary School）四個年級。小學與中學各有一場畢業會考（PSLCE及MSCE），每年五月和七月分開舉行，通過會考才取得畢業證書。每個學年有三個學期，中間有聖誕節暑假及四月秋假兩次假期，第三學期於七月底結束後開始放寒假。政府規定全國所有寄宿學校必須於每年寒假讓學生返鄉，九月開學前再下鄉接回。

國家沒有和平，一切空談；社會沒有經濟，一起空白；學齡沒有教育，全部癱瘓。教育終究是脫貧的解藥。乍看之下體系完整，實際上非徹底實施。義務教育免費，仍有小孩輟學。資源匱乏，城市學校勉強提供電力和桌椅，鄉野學校沒水沒電也沒有遮風避雨的廁所，教室是簡單糊成的土牆與鐵皮屋頂所砌成的大房間，牆上找個地方釘上木板再漆成綠色就算做黑板。老師靠著一塊抹布與粉筆直接教學，學生隨地而坐，看著

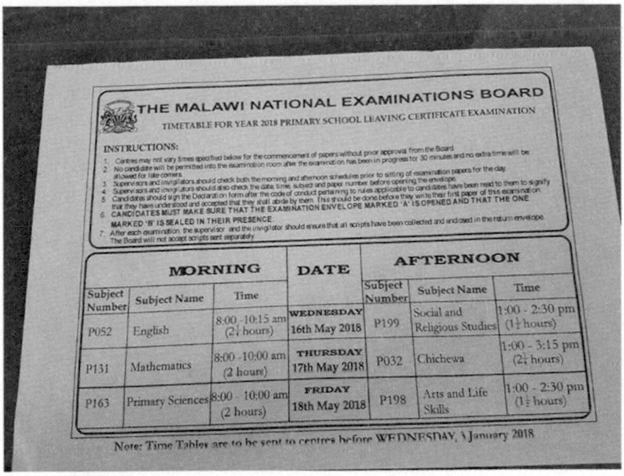

THE MALAWI NATIONAL EXAMINATIONS BOARD

TIMETABLE FOR YEAR 2018 PRIMARY SCHOOL LEAVING CERTIFICATE EXAMINATION

INSTRUCTIONS:

1. Centres may not vary times specified below for the commencement of papers without prior approval from the Board.
2. No candidate will be permitted into the examination room after the examination has been in progress for 30 minutes and no extra time will be allowed for late comers.
3. Supervisors and invigilators should check both the morning and afternoon schedules prior to sitting of examination papers for the day.
4. Supervisors and invigilators should also check the date, time, subject and paper number before opening the envelope.
5. Candidates should sign the Declaration form after the code of conduct pertaining to rules applicable to candidates have been read to them to signify that they have understood and accepted that they shall abide by them. This should be done before they write their first paper of this examination.
6. CANDIDATES MUST MAKE SURE THAT THE EXAMINATION ENVELOPE MARKED 'A' IS OPENED AND THAT THE ONE MARKED 'B' IS SEALED IN THEIR PRESENCE.
7. After each examination, the supervisor and the invigilator should ensure that all scripts have been collected and enclosed in the return envelope. The Board will not accept scripts sent separately.

MORNING			DATE	AFTERNOON		
Subject Number	Subject Name	Time		Subject Number	Subject Name	Time
P052	English	8:00 -10:15 am (2¼ hours)	WEDNESDAY 16th May 2018	P199	Social and Religious Studies	1:00 - 2:30 pm (1½ hours)
P131	Mathematics	8:00 -10:00 am (2 hours)	THURSDAY 17th May 2018	P032	Chichewa	1:00 - 3:15 pm (2¼ hours)
P163	Primary Sciences	8:00 - 10:00 am (2 hours)	FRIDAY 18th May 2018	P198	Arts and Life Skills	1:00 - 2:30 pm (1½ hours)

Note: Time Tables are to be sent to centres before WEDNESDAY, 3 January 2018

PSLCE 考試時程表。

黑板記憶。稍微有點財源的學生拿出僅有的文具，在紙上努力學習，不浪費任何一點空間。出席管理鬆散輕便，哪來的紙張能讓老師每天汰換登記？學生丟上生病或者回家趕牧之類的說法即是請假。

財政匱缺，法律偏偏規定部落酋長必須分擔小學工程的興建責任。很多時候，牆磚砌了一半，經費早已所剩無幾，更遑論完工。學校沒建成，政府不會派遣老師過來教學，村童免不了頂著乾熱炎陽的天氣走上數公里的路程，時間一久更沒人願意長途跋涉上學，下田工作去。為了促進升學率，法定及格分數改降：男學生五十分，女學生四十分。然而，事情不如表面簡單——英語為官方語言，必須及格。即便每個會考科目取得高分，英文不及格等同失敗，無法獲得證書。

「學校看齊歐洲，及格分數一律六十分。」校長祕書領著我們走遍校園，講解制度。寄宿學校不同於它校，它只招收貧困部落的學生入學。「我們非常重視學生的英文能力。英文不好，其他方面再好都是可惜。整個南非地區以英文作為官方語言。這些孩子未來若去南非發展，英語說不好，又不懂其他非洲人的母語，勢必得花更多苦力。」每個非洲國家內部至少有十種民族語言，因此歐洲人留下來的英語和法語顯得極度重要。馬拉威憲法指明英文為官方語言，教育程度稍好的本地人去公務機關辦事更以英語交談，好似說口好英語是種指標。

【背景】

學校占地二十公頃，座落於首都南部一座丘陵的頂部，山腳下一片廣茂的玉米田，清澈小溪貫穿其中。校園草坪是中心區域，北面是小學大樓，南面是中學大樓，更後邊是學生宿舍。從東北方沿著東南方整齊排列的建築依序是內建廚房的餐廳、行政辦公樓及教師宿舍。每到空閒時間，草原上熱鬧非凡。更往東邊是一片小山坡，最上方有群巨石。天氣晴朗之時爬上石群往東方眺望，五十公里外馬拉威湖波光粼粼，盡頭是莫三比克。

學校經過教育部審核立案，財源上仰賴歐洲募款運作。本地老師與外國教師協力負責本地科

目，漢語課程是華人執教。教學設備應有盡有，包括電腦教室、實驗室和電影室。中學大樓旁有部韓國商會捐贈的柴油發電機，晚上自修不怕停電。這些設備讓我們成了中部地區最好的寄宿學校，卻亦招來小偷覬覦。漢語老師的專屬辦公室位於中學頂樓，東面走廊面對高原景色，盡收眼底。全校學生二百五十人，小學八個年級，中學四個年級，每個年級只有一班。每班人數平均二十人，聽起來是不忙不亂的小班，心裡以為班級管理不傷腦筋，每天輕鬆快樂地上課。

事實上我們大錯特錯。

【開端】

上官老師來自寧夏，是漢語教學負責人。她走到我的桌前，擺上六冊教科書。

「學生的漢語程度大致是什麼情況？」我打開課本，看了目錄，注意到教科書的課數配不上週數。

「這是昨天規劃好的進度表。」上官老師拿了一張教學進度表交到我手上。

「每冊有十二課，每個學期至少教幾課？」我放下教學進度表，再瞥了一眼目錄。「三個學期，一共四十一學習週，扣除每個學期的考試週和複習週，還剩下三十五週。一週課時是多少？」

「中學部一堂課五十分鐘，小學部一堂課四十分鐘，每週三堂。原則上，三週上完一課，包括平時考與課堂練習。」上官老師拉了一把椅子坐下解釋。「實際上，每班老師視班級情況彈性調整進度，盡力教學就好，能吸收多少就吸收多少。進度超前沒關係，進度落後不苛責。」

「進度落後不打緊？」我瞪大眼珠子。「這麼彈性？父母不要求嗎？學校不督促嗎？這麼自由！」我聽了滿腦困惑。教學進度就好似工程建設的藍圖，不按圖施工，成品怎麼好？

「馬拉威社會的學習風氣不興盛，教學速度與中國相比非常緩慢。」她說。「依照既定的規劃，一個學年上完兩冊是最好的安排。在這裡有困難，必須因材施教，他們學得不快。開學前，老師們得開會擬定每個學期的教學範圍。哪些部分應該要讓學生知道、哪些單詞句型必須學會、哪些章節該適用於何種教具，每一章每一節配合民情，另外還得篩選可能使學生困惑的句子單詞。當地語言的數字觀與漢語不同，小學低年級的教師更會遇到數字教學的瓶頸。」往後我才曉得奇切瓦語的數字系統無法單獨使用，必須以後綴詞的方式與名詞搭配，這點使得本地小孩學習中文之初即遇上困難。

「本地人步調慢，習慣慢慢地做每件事。越催促，成效越糟。學生不適應，老師也辛苦。整體學習力緩慢，需要時間複習再複習，否則忘得一乾二淨。」上官老師站起來，走到窗旁看著草坪上的足球隊。「當地時間觀和秩序概念極隨性，你要適應這裡的『習慣性遲到』。」

「起初，我很常對學生發脾氣，後來逐漸明白：『一切需要時間。』這是每個老師都要經歷的過程，開學之後你就更能深刻體會，畢竟我們是客人。」老師說得很沉，字字句句盡是心得。「這些孩子與你在其他國家所教過的學生盡是徹底不同。膚色不同、語言不同、禁忌不同，背景不同。你準備好與他們相處了嗎？」

爬樹

Pitani m'kalasi

【爬樹】

學生遲到怎麼辦?當然是催促他們進教室。找不著學生怎麼辦?通知教務處派人尋找。

教務主任笑而不語怎麼辦?笑而不語?什麼意思?意思是不用大驚小怪。卡本主任原是公立中學的體育老師,幾年前轉職而來。年紀輕輕,二十八歲升格為教務主任。他長得好似美國影劇的黑人明星,高大壯碩、五官立體,還是虔誠的穆斯林。「沒錯!他們就在那裡。」他微笑走出辦公室,右手指著草坪西北邊的矮樹林。「你要睜大眼睛去看。」小學七年級至中學一年級的漢語課由我一手包辦。原本以為年紀高一點的學生比較好管理,聽得懂老師的要求。開學兩週後,我不再幻想這種天方夜譚。

◆

「紀律」的定義對於我們而言是嚴肅的,對於馬拉威人則彈性。北、東、南皆是校舍區,西邊是一片天然樹林。校長希望保留這片綠地,外國老師視其為秩序修羅場。特別是中文課和數學課,很多學生不愛上,偏偏這兩門課是必修課,躲不了。上課鐘一響,別的同學往教室跑去,總有那麼一群叛逆綿羊不聽從牧羊人的呼喊,往樹叢鑽進。人很奇妙,時常為了一丁點的享受拚死拚活。只不過,

茂密的樹林是蹺課學生的休憩適地、老師的夢魘。

他們未成年，唯一的責任是讀書。學校怎麼安排課程，就是怎麼學習，沒有理由逃離。我的視線越過足球場上一波又一波咆哮奔馳的人群，直盯遠方密密麻麻的綠蔭。難道他們在樹林裡玩耍？其實不是，我又猜錯。學生不會躲在樹林裡邊遊戲，那是外行人的把戲，趴在樹頂上睡覺才是本事。

我以為本地小孩單純質樸，上課不困難，郭老師直言我這個幻想遲早讓教室出事。開學第三天，我確切明白事實多麼要命，常讓教務處幫忙找人。本地老師眼力厲害，一凝望馬上判斷學生藏匿的地方，嘻嘻嘎嘎攆回教室。一天兩天還好，總不能整個學期都麻煩別人。為了徹底解決鬧失蹤的問題，我站在樹林旁邊守著。學生很賊，瞧見我當起門衛，更想要挑戰。下課鈴響，足球轉踢給他人，拔起腿分散衝進樹林裡，我追不上也記不住誰是誰。我沒有浪費力氣的必要，轉身走進教務處求主任指點。他見我不懂箇中奧妙，領著我去尋人。走廊上的同學見狀不妙，用齊切瓦語朝向樹林通風報信，剎那間森林一陣激烈的搖晃，我驚覺事情不對。

「該不會在樹上吧？」斜前方的闊葉林頂搖搖擺擺停不住。

「是的，他們在樹上。」

「爬樹？」我嚇一跳。「爬樹做什麼？」

「就只是喜歡爬樹，在部落養成習慣。上課不輕鬆，爬樹消遣多好。」

蹺課的學生聽到同學叫喊，攀上更高的樹頂，不怕傷不怕死。「部落的樹更高更壯碩。你沒看過野生的猴麵包樹，粗肥又高聳，這些普通灌木不算什麼。」主任邊走進樹林深處邊仰頭尋找這群調皮的「躲課樹人」。學生在樹上笑著。

◆

這種搞笑的行為原本不存在，學校聘用亞洲老師後才開始的。這句話乍聽之下以為是亞洲人有錯在先，其實背後緣由牽扯殖民時期塑造出來的集體潛意識。「部落孩子覺得亞洲人新鮮，想試探你們與歐洲人是不是一樣的。」呂特副校長事後說明。

「哪裡一樣？什麼一樣？」對於這種行為分析，我挺訝異。同儕與家庭的確影響個人行為，但

是我沒聽過面孔長相同樣具有影響力。

「我稱之為『歷史的遺憾』。馬拉威人對待 Mzungu（齊切瓦語『白人』）態度較謹慎。你們華人在非洲時間不長，不如歐洲先祖深耕此地數百年，彼此認識太少，相處上難免遭遇一些怪事。」

夜晚的篝火聚會上，部落酋長召集村孩映著火焰圍圈而坐，襯著蟲鳴靜穆地聽取殖民時代的抗爭軼事。從小耳提面命地被告誡不能與白人過於接近，再加上學校歐洲老師們的舉止氣度如真如實地權威，反倒我們漢語教師溫柔敦厚又鮮發脾氣。這些孩子都聽過「中國人」的傳聞，卻沒接觸過。現在可好，每天一睜眼就是漢語老師來來去去，免不了躍躍欲試的悸動，測試眼前的「中國老師」是怎麼樣的一群人？好不好惹？生氣起來是什麼樣子？如果挑戰了權威，他們管理得了我們嗎？

白人老師會幫助他們嗎？

不曉得答案，嘗試後立竿見影。日本的草薙老師也感到為難，馬拉威小孩哪裡曉得日本是什麼國家？亞洲面孔全部一個樣，因此她的數學課承受同等禮遇。先是中文課，再來是數學課，爾後每個亞洲老師的課出現類似狀況。火燒後院，蹺課蔚為風潮。開學第四週，學校將蹺課的學生送回部落，下個學期開學再自行返校上課。華人學生不會爬樹蹺課，社會的文明規範早已深入人心；馬拉威學生爬樹蹺課，而且是針對特定人種的老師而為，這關係到什麼？關係到老師的尊嚴、牽扯到學校的管理、影響到同儕的認知。「說理動情對於文明人才有效用。面對沒上過什麼學的野孩子，採取顯而易見的實際舉措是最好的教法。」副校長說道。教無定法，治無定則，爬樹蹺課一事學了一課。歐洲人的紀律與馬拉威人的隨性迎面碰撞，「非洲經驗」於火光之中迸發。

保管
Sungani zinthu

【筆】

非洲教學，奇葩之事何其多。教學是一回事，教室外則更多故事，眉角藏於習以為常的認知裡，一不留神，好意變成為難。初來乍到第一週，下課時間總見禰老師氣喘吁吁地抱著作業本和一筒鉛筆走進辦公室，將不見縫隙的桌面塞得更凌亂。不等課鈴響，又站起身從抽屜抱出另一筒鉛筆和一大疊習作本去上課，來來回回數次。瞧她放了滿桌子的鉛筆，搖著削鉛筆機一枝一枝地削，削完以後還要貼上姓名標籤。

「為什麼不讓學生自己削？不能自己保管鉛筆嗎？他們不是有文具包？難道小學生沒有保管物品的能力？」我實在想不透，盯著她桌上的鉛筆山發問。

「沒錯。」禰老師直截地說。「別想得美，橡皮擦這類的小文具交到中小年級學生的手上肯定失蹤。」

「失蹤？他們不珍惜？」我不敢相信她說的。「保管鉛筆這麼困難？」

「部分學生確實不珍惜，另一個原因如同你說的：很難。有些人連書包都能弄丟，直接發放鉛筆是浪費的決定。我的方法看起來麻煩，卻是教室管理的生存之道。給華人小學生一枝鉛筆，他們知道該怎麼做。手機呢？不稀奇。如果改讓他們保管一輛比亞迪，你認為行不行？自主保管文具是同樣

的道理。」學生家庭的經濟條件一個比一個慘烈，在有限的財力條件內，所有開銷以群眾溫飽為主。年輕人下田耕種不上學，購買文具是討打的浪費。成長環境所塑造的思維註定他們與城市小孩大相逕庭。

「以前有個法國志願者在約堡機場買了一個背包容量的文具，抵達當天熱情發放給二年級到四年級的小學生。隔天早上八點是入班觀摩的時間，這位法國客人驚見滿地斷裂的鉛筆殘骸和撕得稀爛的橡皮擦塊，氣得脖子紅通。小孩天性不會察言觀色，看到歐洲人生氣更要大聲取笑，我們在旁邊不曉得該說什麼好。」禤老師綑好削完的鉛筆。「不把本地習性析毫剖釐，外國人的好意反而助長貪婪的風氣，這不是學校的初衷。」

同年九月，負責小學五年級漢語課的喬老師得了瘧疾，病得很凶，緊急返回蘭州治療，開學後由我代課。禰老師日日耳提面命，告訴我別被學生的伎倆給戲耍，班導師瑪莎更親自拿著點名表向我說明每個名字的調皮故事。「每個學期由學校發配兩次鉛筆，你可以想一想用何種方式管理。」瑪莎表示小學生沒養成自管能力，需要訓練。學校的鉛筆管控是這樣的：開學第一天，導師領取配額的鉛筆和橡皮擦。小學四年級以下由導師集中管理，小學中高年級讓導師自行規劃，中學生則自主保管。中文教師允許再發配另一枝鉛筆，管理方式相同。因此，理論上每個學生在開學當天會分配到兩枝鉛筆和一個橡皮擦。高年級以上的學生若沒弄丟上個學期用剩的文具，筆袋應該存有好幾枝能寫的鉛筆。既然每人都有文具，沒有鉛筆可用會是奇怪的事。

喬老師的航班起飛，我也抱著課本走進教室。學生看我是新面孔，態度收斂些，我很清楚這是假象。「打開習作本三十二頁。學校已經給你們鉛筆，拿出來寫。」我故意試探一句。

「老師，我們沒有鉛筆，瑪莎老師沒給我們。」其中一個男學生大聲喊話，瑪莎曾要我留意他。

「老師，你的背包沒有新鉛筆嗎？喬老師常送我們。」一個女孩用眼睛向背包飄了一下，示意

部落的頑皮小孩。

要我給他們東西。我赫然發覺事情嚴重，區區為了鉛筆就這麼富有心機，可是給了又不珍惜。他們是怎麼了？「你們都有鉛筆，不要亂說，現在誰不老實，我就叫瑪莎過來登記名字。」進教室以前，瑪莎熱心地站在門口吩咐我：「任何問題隨時叫我，辦公室就在隔壁。」

他們早就拿到新文具，瑪莎讓他們自主管理。班導師威嚴十足，馬拉威學生確實敬畏本地老師。體罰，在這個國家是允許的。學校曾經立法禁止體罰，後來督學知曉，寫信提醒副校長不可將校規凌駕於國法之上，體罰禁令只好取消。我們外國人本來就不喜歡也不好意思處罰學生，班級一有狀況當然是入境隨俗地把本地教師的名號搬出來壓一壓。一說完，學生們乖乖地掏出鉛筆。小學五年級，二十人的漢語課正式開始。

「小學五年級，馬威是這樣下的。非洲教學，不容小覷。」我一邊用力地在黑板寫上句子，一邊心裡想著。此外，喬老師根本不會把鉛筆「送」給學生。

【書包】

七年級和中學班級較讓我放心。他們的年齡區間是十三歲至十八歲，自主性足夠。開學當天發放下去，人人拿出筆袋小心翼翼地收納。當然有極少數冒冒失失，課不用上。八年級的米瑞把整個書包搞不見，上官老師笑說這是頭疼的常態。

「你到底把書包丟哪了？」我站在講臺上瞧他一桌子乾淨，好似來督察的。米瑞聳聳肩，雙手一攤。「忘記了。學校會給我新的嗎？」

「我現在無法給你新文具，你得在考試前找辦法。」我轉身繼續寫黑板字，他嘀咕我聽不懂的話。他若找別的老師求情，就由他去。中小學老師之間達成共識，七年級以上自行存管學習用具，老師不介入。六年級的孩子若真的找不回文具，考試前還是會借他備用筆，試後再親自拿回來；八年

級和中學生，我不會給他或借他任何一枝筆。他們曉得規矩，而且全班只有那麼一兩個人弄丟鉛筆，同學之間想想亦覺得奇怪。假若當事人鬧脾氣，不找同學借筆也不願意想辦法做筆記，硬是坐在椅子上彆扭，我不隨之起舞，書包鬧失蹤是需要改正的心態問題。

「你說你的東西全不見，為何其他人的鉛筆還握在他們手裡，沒人遺失。」另一個七年級男孩跑來向我借鉛筆。開學不出三週，書包更不翼而飛。

「老师，我忘记丢哪儿了。」漢語說得好，可惜不能特例通融。「你找朋友借一枝，等到下個發放時間再給你新鉛筆吧。」

「課本呢？」他走沒幾步，轉頭再問。「自己找回來，我不能給你。」我說。

隔天下午，他急急忙忙奔來辦公室，興奮大聲喊道：「老師！我找到課本了！」

他把書放在桌上，我看得驚恐。「封面怎麼燒成這樣？內頁還有咖啡色的灰燼，你燒課本？」

他搖頭。「不知道，不是我燒的，在菜園找到的。」

那天傍晚，我特別繞去學生宿舍的中庭菜園一探究竟，找著不少撕成碎片的課本內頁和封面。我見圍牆角落有座磚頭堆砌的烤爐，馬上明白怎麼回事——生火烤玉米。學生挺精明，知道本地老師的課本不能撕。拿去當火種的課本全屬於外國老師的科目，我不禁思索課本是否也得收同保管？站在這裡的目的，到底是來教導漢語還是教導品德？

借取

Zinthu zanu

【公私】

受到禤老師啟發，我隨身攜帶一個手持削鉛筆機，學生弄斷鉛筆也不需要花時間跑去本地教師辦公室處理，畢竟有些頑皮的一走出教室即不見蹤影。本地教師辦公室和外國老師一樣有個專門放置公用文具的木櫃，我倒發現他們的木櫃不放文具，只放書本，而且桌面有個通性：堆積如山的作業本和考卷，卻尋不著一枝筆。任何辦公用品都是捨下飲食預算而買來的，極度寶貝。需要的時候從包裡拿出來寫，不用則收起，筆與手機同等重要。有一回上課，我急需一枝紅筆，十分鐘的下課時間不足以走回中文辦公室拿另一枝，只好向瑪莎借用，她竟然拒絕。「我僅有這枝紅筆。若被學生偷走，大家不用做事。」一枝紅筆四百五十克瓦查，等於三根烤玉米。本地老師前往學校的路上，確實只靠著烤玉米當早餐，邊走邊吃，節省時間。

本地教師看見我的削鉛筆機，心生慾念，總要討一個。

「你下次外出能否幫我買？」

「聽說你從南非帶了好幾個，是吧？」

「給我一個行不行？我也需要。」

「只有你有，不公平。」

部落。

「全部的人都閉嘴！」我生氣了。「這是我花錢買來的，憑什麼說不公平？有錢自己買一個！」索求物品，直截了當，毫不修飾，不丟臉亦不羞怯。

「不，太貴了。」一名男老師回覆。「一個削鉛筆機的價錢足以買一天的三餐給家人吃。」哎！文化差異即是如此，我們認定的貪婪是他們無語的生活困境。這個農業窮國連削鉛筆機都得進口，昂貴價格不在話下。為了體恤他們，我捐獻一個給他們做為公共用品，第四天不翼而飛。「被偷了，回不來啦！你把東西放在那邊，沒人看著，早晚沒入口袋。」郭老師責怪我不先商量，省得浪費錢。「這就是『非洲經驗』。物以稀為貴，馬拉威人之間不存在信任制度——貧窮之下不講信用，只講權威。你沒有權威，公物不屬於公家，屬於竊盜者。」過了一段時日，我了解他們定義公私用品的方式超乎認知。

部落裡私人主義不受歡迎，所有人共處一村，鄰里均貧，鍋碗瓢盆共用。誰享有較好的生活條件，主人有義務分享。「否則別和大家共待屋簷下。有條件助人過日，怎麼可以旁觀袖手？」反正人不會走遠，東西遺失就是賠償、損壞就拿值錢的東西交換。（這點牽扯童婚，政府嚴厲打擊這道惡習）共榮共存，部落不存在真正意義上的私人財產，唯有搬不動且移不走的大型物件才聲稱私人擁有，比如房子。至於拖把與平底鍋這類器具，分享借取是公認的允准。

部落廚房。

孩子習慣具部落特色的社會主義，要他們配合學校實屬困難。每個班級設有專屬清潔櫃，數量固定。理論上，每班用自己的掃具，管理不出錯。實際上，誰管掃具歸屬哪班？拿光了，再跑去別班借。別班同學再去其他教室偷拿。你拿我的、他拿你的、我拿她的，亂成一團無所謂。「老師，反正是公用的，有差別嗎？」米瑞說得振振有詞。打掃少不了打鬧，玩壞弄斷必往草叢丟去。掃地時間結束，沒人按照標籤放置掃具。週五放學前十五分鐘，導師走進班級，敦促班長檢查掃具數量並歸還隸屬別班的掃具，最後再派人搜查草叢，將隳壞的拖把報修。

【抹布】

每個外國老師備有抹布以便清理窗外飛來的塵土（電腦很容易因此故障），我也買了兩條掛在辦公桌旁。有天上午，中學生蕾范進來辦公室求借抹布。「同學全拿走，我沒有抹布擦洗黑板。」我借出一條較新的，用不上十次。她喜孜孜跑出去，原本以為二十分鐘內就回來，等了一個下午竟盼不到。隔天早上，她捏著一條髒兮兮的破布向我走來，臉色很嫌棄。「老師，你的抹布。」

「爛成這樣？妳丟在地上讓校犬當玩具啊？」我死瞧這條曾經容光煥發的紫色抹布，蹂躪得撕一塊破一塊。

「不知道。」

我瞬間頭疼。「妳借東西卻不愛護，以後怎麼相信妳？」

她的臉很冤枉。「又不是我弄的。我擦完黑板，原先想馬上還給你，恰妲說她能幫我還。」她越說越小聲。「沒想到她居然借給別人。」

大白日裡借不出個乾燈盞來！借條抹布亦能因話隨話。我借你，你借她，她再丟給另一個他，用完後還不清楚是誰的，糊裡糊塗傳給下個人用。不僅抹布，任何拿得動的物件皆是如此。早上借出去，過了晚自習時間還輪不到我。

沒有抹布，用拖把洗黑板。

「這本書很貴，三萬克瓦查。告訴過你們翻書別那麼用力，塑膠膜都掉了。」劍橋大學捐贈四十本全球地理圖冊，嶄新實用。我借給中學四年級的代杰複習，五個小時後封面斑駁，歸還人和借取人還不是同個班級。「怎麼是你？代杰呢？」

「班長讓我還給你的。」松奎說。

「為什麼是班長？我又沒借他。」

「不知道。他看完，叫我還給你。」

我不再說話，打發他離開。翻開內頁，心疼破損的套膜。他們素日粗粗獷獷，要求心細手巧倒為難。東西沒丟已足矣，其餘皆可拋。

【圖書館】

二〇一七年六月孔子學院成立一周年，慷慨捐贈三千本漢語教材。為了安頓這些書籍，漢語圖書館誕生了。學校向南非訂購一組立式磁條感應器做為防盜前線。下單數週仍不見蹤影，打電話問運輸公司竟然一問三不知，盡是推諉。失去歐洲人主導經濟的南非，衰退的服務品質是預料中的結果。七月下旬，海關打電話解釋貨物被扣押在姆蘭傑山（Mulanje Mountain）關口，需要繳交一千美元的關稅才放行。「海關擺明訛詐。」總務小姐掛上電話，嚴厲罵道。學校不可能配合流氓勒索，副校長聯繫印度商會理事長出面斡旋才獲得解決。「關稅局的一個官員拜託我為他女兒寫封給開普頓大學的推薦信，我的條件是豁免通關你們的貨物。」理事長表示學校欠她一個人情。

◆

老師們透過人工，一一彙整書籍並在封面貼上自行編列的電磁標籤。足足犧牲兩個月的假期，歸類建檔並分批上架，三千本滿地狼藉逐漸邁向規矩方正的光景。九月開學前一週正式完工，馬拉威中部第一間中文圖書館落成。開心時光只維持一天，開放後的管理才是真問題。

「如何保證學生不會偷帶書本出去？」

「他們聽得進去嗎？不能一看見喜歡的頁面就撕下來。」

「學生明不明白物歸原位的道理？」

每人都曉得圖書館是個看書的地方，規矩倒不一定眾所皆知。習慣養成需要時間，尚未達到成熟的表現以前，圖書館限定開放時間，由班導師集體預約進入，不外借亦不允許隨進隨出。我和禤老師製作兩張全開的海報，用英文寫下各種規矩並貼於落地玻璃門上，學生進門脫鞋前絕對讀得到。學生看完，大部分曉得物歸原架，卻不會依照標籤上的數字依序放回，號碼亂作一團，每次閉館前總要傷害老師的眼睛幾百次。上官老師較嚴厲，常死盯著學生放書的動作，閉館前再站起來親自檢查一遍。太累人了。

「副校長，都是同個書櫃，依照順序排列有什麼意義？」米瑞詢問。

「意義可大了！你說過你想成為建築師。想一想，電線配置能和書本一樣隨隨便便找個地方塞進去嗎？『哦！大概是這個地方，電線拉進去就得了。』聽起來如何？」

一段時間後，我們暫時不逼迫學生。學生不在乎，老師別那麼痛苦。其實他們明白老師的苦心，只是需要時間。畢竟遵守規矩的學生大有人在，不能以偏概全。

起先，漢語教師們不贊同搜身，校方倒是建議實施。我們理解學校的顧慮，防範的成本永遠低於收拾殘局。問題在於怎麼兼顧學生的心理？搜身等同把學生當賊，久而久之對學校的尊敬必消退。學生常被提醒要自愛，別摧毀集體的名譽。說歸說，害群之馬我行我素。教室內偶爾莫名其妙搜到幾本圖書館的書，學生也會向老師舉報哪些同學偷藏漫畫書。素行不良的個案視規矩為糟粕，圖書館只好限縮自由，禁止攜帶裝袋性質的物品，包括外套。命令一公布，怨聲載道。

陣陣謾罵之中，禰老師反問抱怨的中學生：「為什麼你們不去糾正那些故意犯法、破壞信任制度的人？你們心裡有數。若非老師常常接獲舉報，誰不希望自由地看書？書不外借，是因為許多人還沒建立公物信用的觀念。我想不透有什麼理由非得偷渡書出去？別人不配擁有讀的權利？」

「老師，馬拉威人互相不信任。」法梅答道。

感應器於十月初安然送達，技師盡速組裝啟用。每當偷書賊嘗試偷渡，感應器響鈴大作，把館內館外嚇得少魂沒識。

【Ubuntu】

二〇二〇年一月，董事會從荷蘭募得六十部二手電腦。馬拉威社會的電腦職能需求不高，基本文書作業已受用無窮。電腦罕聞矜貴，一落地必冒著被覬覦的風險。貨櫃一打開，工人接續搬貨，學生樂此不疲，喊道幫忙卸貨。「我們有電腦課！可以玩遊戲了！」尤妮曾是冰島思科工程師，負責校園資安工作。「全部安裝Ubuntu系統，省下防毒的麻煩。」她老早預料到未來的狀況。Linux的非洲市占率不見經傳，普遍散播的惡意程式無法傳染，對於學校而言是很妥實的選擇。網路安全意識在馬拉威不存在，千萬不可以將未經掃描的ＵＳＢ連接自己的電腦。本地老師喜於共享影片，縱使中毒毫不在乎。曾有外國教師沒注意這個「非洲經驗」，電腦瞬間黑屏，開機畫面永遠顯示滿滿白字，宛如詛咒。

電腦課只教文書打字。尤妮很在意學生順手牽羊，把小零件藏在口袋裡。

大夥兒將配件相挨放置在教室，尤妮和我著手組裝。專心之餘必有死角，忙中有亂。待全部設置好，猛然發覺數個滑鼠遭竊。更誇張的還在後頭——不知道誰手這麼賤，按鍵連根拔起。四月期末考，我負責監考小學八年級，奮筆疾書之間自在遊走，忽然瞅見幾個鍵盤按鍵在一名學生的書包麻布上被縫得牢實。

【偷書】

二〇一九年復活節假期，外國老師結伴外出採買。傳統市集人聲喧豗，熱鬧歡騰，即將回國的上官老師探詢布店，打算買幾條傳統麻布回去裁衣裳。布店還沒找尋著，一座書報攤引起副校長注意。書報攤擺放的法文套書與上週外文圖書館失蹤的一模一樣。他拿起來翻了翻，學校戳章活生生血淋淋地證明來歷。我們站在攤販旁邊留顧，呂特副校長開車到警察局報警。

三名警察問話，老闆不曉得他販賣贓物。「一個年輕人給我的。」老闆露出線索。「這是他的手機號碼，您打去問問吧。」一說完，遞上一張紙條。當天下午，警察以偷竊私人財產的罪名將一名剛報到的中學教師押上警車。隔天清早，失蹤數週的書本不約而同地出現在圖書館門口。副校長的果斷驚動校內的雅賊們，趕緊將偷來的書丟回去，假裝是看完歸還的。警察離開不久，晚飯時間開始。我走到餐廳，打開私人櫥櫃拿出先前在中國超市入手的醬油，打算為晚飯添味。心一橫，感覺不對；仔細看，總量沒少，握在手中卻可煞作怪；打開瓶蓋，湊到鼻前試聞，一股恐怖的水溝臭味爆衝襲來。

部落市集。

「有人偷倒醬油，又加些自來水矇騙過去啦！」郭老師見狀，替我喊道。

我猛然想起另一件東西，轉身從矮櫃裡抓出來。「洗碗精全沒了，倒個精光。」

偷竊？占有？或者我們外來人展露太多東西，使本地人患不均起盜心？

總而言之，眉眉角角不勝枚舉；偷竊頻繁，互信不足，鎖為上策。

真神眷顧的足球

Kolimbitsira Thupi

【健身房】

部落的高原荒地成就天然的足球機遇，中學足球隊十五個男孩子，各個踢球資歷至少十年。比賽機會，學校能爭取，練習靠他們自己。有天，副隊長沙艾布突然向我借錢，原因是想去市立大學健身房運動。其實他不需要入場費，借錢是為了搭乘麵包車。從學校大門至大學，路徑十公里，乍聽之下遙不可及，對於馬拉威人而言是再平常不過的行走通勤距離。他大可走路過去，我直覺不值得。為了上健身房，來回二十公里，聽起來太可憐。不過，我也有我的堅持。

「老師，我只借一千克瓦查就好，保證一個月內歸還。」

「你先回答我三個問題。第一、你是學生，在外沒有工作，怎麼還錢？第二、汽油漲價飛速，你怎麼確定麵包車不會再漲車資？（到大學的單程車資是四百克瓦查）第三，倘若你受傷，學校肯定問責我，怎麼辦？這些現實問題，利害關係想清楚。」他被我問得啞口無言。

中學三年級的沙艾布雖然球技一流，但是成績堪慮。學習這回事因人而異——他不諳書本學習，只對工業實作感興趣，每日盼著早點畢業，走入職場工作。盤費空空，怎麼辦？八月寒假，學生們抓緊假期拚命打工，他也不例外。叔叔與一個巴基斯坦裔的表哥合夥經營一所卡車修理廠，喜好動手實

作的他自願前去幫忙。某天下午，表哥從一名華商的鋼鐵工廠收購大批二手貨車配件，滿地哐哐噹噹。他突然意識到一個辦法：「既然去不了健身房，何不自己組裝一套？」

他和拜把兄弟合作，兩個立志邁向運動生涯的十七歲大男孩滿心自信地動手。為了方便鍛鍊，他們選擇學校圍牆後邊的廢棄工地作為基地。不過找配件組裝前，他們仍得去真正的健身房觀摩一次才有施工的譜。這趟車錢我很樂意為他們支付。

「下一步是什麼？」我在廢棄工地等著他們回來，手上多了張握得皺巴巴的筆記紙，那是他們的設計圖。各類器材用鉛筆畫得潦潦草草，填滿每處空白。

- 雙腿伸屈 Leg Extension
- 引體向上 Pull-Up
- 啞鈴 Dumbbells
- 仰臥推舉 Bench Press
- 沙包 Punching Bags
- 槓鈴 Barbell
- 旋轉訓練 Rotary Torso

「你們要怎麼起頭？」我一時想不到他們如何憑藉自身之力打造擁有七種設備的健身房？

◆

表哥不同意將收購而來的卡車配件讓沙艾布直接取走：「沒有不勞而獲的收成。你想要我的配件，得先付出勞力。」他答應表哥的條件。七月已過，距離開學剩下一個月又十天。為了趕緊實現夢想，他沒日沒夜地在修車廠打工以湊滿時數，沒有任何休假。「你不怕表哥騙你啊？」我問。由於沙艾布曾經抱怨過他這位混血表哥有點素行不良，我高度懷疑這是詐勞動。可是他眼裡全是健身房，不理會我的疑慮。

一個月的韶光，體重急降五公斤，雙眼血絲驚人。原本纖瘦精實的身型更顯輕盈，如此辛苦竟不減他的初衷。在舅舅的見證下，他在最後的上班天如願以償，從滿地的銅鐵錫鋁中挑選大量的淘汰零件。「行家師傅一看這些破銅爛鐵就嫌棄，我們不花費一分錢而獲取。」卡車載來的配件全數倒在草地上，開始分類。計劃事小，組裝事大。他們要組合的物件不是樂高積木，更不是預先鑄模的木頭。金屬的結合離不開焊接，否則從上到下搖搖欲墜。「過幾天再想辦法，先弄個雛形吧。」他們坐在地上，將鏽跡斑斑的報廢金屬分類成數個小堆。

「你想過怎麼組裝嗎？」我蹲下來，拿起一個零件查看。

「不曉得，沒頭緒。」他說。

「有個樣子就行，不求精緻。現在要為單槓挖地基。」說畢，轉身站起，像整玉米田似的拾起鐵鍬往下鑽地。三天後，他們倆從部落借了一組焊接槍與小功率柴油發電機。

「我們要焊接了！」沙艾布朝著辦公室喊叫，滿頭大汗，笑容燦爛。

「這麼迅速！」我大呼。「你的『雛形』幾近『成品』。」三天沒去觀看，一看不得了。

「比想像中有趣。」兩人戴上護目鏡與手套，再次拉動柴油發電機，扣下焊接槍扳機，武裝上陣。沙艾布扶持配件角度，朋友專司焊接作業。品質好壞不重要，只求焊出模樣。一整天霍閃熠熠，把拾來的報廢零件重新焊合，心中揣摩數週的渴望付諸實際。

其他學生見了沙艾布的傑作，紛紛受到鼓舞，如法炮製。啞鈴體積小，製作方式較「簡易」。星期日，八年級的男學生們走進部落市集，將別人丟棄不用的金屬罐拾回來；另一夥人到市區的建築工地，拿著籌措的打工錢向工頭議價購買水泥粉。買好之後，又喊又跑扛回校園。水泥粉貴重如黃金，一夥人小心地勺勺裝入鐵罐，徹底杜絕浪費。裝完粉，再讓學長將沙礫和玉米粉按照猜測的比例丟進罐裡攪拌，些微凝固再插入鐵桿，啞鈴模樣顯而易見。兩天後，混凝土完全固化，已是一組組能健身的器具。

香港心理輔導師 Trista 提供。

【球框】

每屆常有中學生的體育表現極為突出，球場上的爆發力很吸引關注，卻也感到一絲絲惋惜。馬拉威有專門的體育產業，培訓與招募獨有一體。唯獨眼下的窘境夾磨著邁步足球夢的信心，強韌的器材巧工是回擊現實的謝禮。本地工廠生產的球鞋，品質參差不齊，踢上幾個小時即成一坨污穢的醜布。學校固定於每學年初向韓商購買三星足球，鑑於部分學生抱持一種

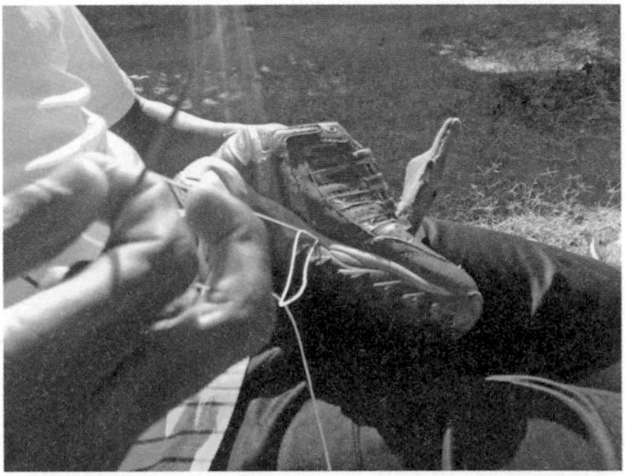

學校的中央草原

「反正學校遲早會添購新品」的不良心態，教務組只願意在新學年開始前報價新購，其餘時段僅能申請修繕。問題在於青年人腳勁凶猛，再好的進口足球一旦踢上球場，三日後同樣面目全非。他們並非不珍惜，而是足球質量不夠堅勁，擋不住他們熱愛足球火熱的心。

破口爛球永遠有修補的機會。學生不願向修繕組申請維修，曠日費時又看校工臉色。「自己能修理，何必求人？」歐尼是隊長，一身高大強悍的身軀在球場上是武將，私底下鐵漢柔情。週日下午是他的手工藝時間——壞了鞋子和破了襪子的，全往他門前排隊等待。他拉起凳子坐下，針線活兒難不倒，順手麻利。「比起部落，學校的條件良好太多。縱使又縫又補，棉絮斑殘，至少還能『擁有』它。在部落沒有捨得用的本錢，拿出來等同磨損，況且還要招人覬覦。」

「一雙二手鞋，市集價位大致多少？」我問他，歐尼沒看我，忙著縫補。鞋底分離得挺大，他嘗試奮力修好。「普通品質，一雙三千到六千；『看上去』乾淨些的，一萬。」一萬克瓦查？那是公立中學一學年的學費、工人的雙週工資、二十平方公尺市郊小屋的月租和一家五口一個月的餐費，同時更是市內萬豪集團海神花酒店自助早餐的基本價格。這個國家，百姓習慣光腳踢球。球壞了？設法補救。他把縫好的球鞋遞給我看，線拉得緊實。縫線穿針之間，他想像成年後的足球夢。

◆

教育部規定未成年學生不得持有手機，卻無背書學校是否有權沒收保管，因此學校後退一步：通知監護人處理。未成年學生沒有經濟來源，唯一職責是讀書。手機的存在只會減分，不會全面提升成績。曾有學生為了購買網路儲值卡而盜賣校內公物（燈管、鋼架或圖書），剩餘零錢作為蹺課遊樂的經費。既然不可隨便外出，也不能大方地在學校玩手機，運動是最好的休閒。男人熱衷足球，女性普遍參與一種類似籃球的運動「Netball」（英式籃球），籃框不設置籃板。

二〇二一年聖誕假期，隔壁部落的酋長與本地公立中學計劃復辦校際聯賽，學校欣然接受邀請參賽。比賽當天一早，卡本教務長向親戚借了卡車。他很重視每場校隊參與的比賽，每次都是由他親力載送選手來回。「Yasin」是穆斯林名字，亦是隔壁部落的名稱。雖然它是距離學校最近的部落，卻非真的「近」——中間隔了一條小溪，過橋後還得沿著丘陵小徑往上走個半小時才抵達。村莊座落於丘頂上，與學校相視。丘陵阡陌之間玉米滿布，雜草叢高，路比泥濘還要難行。外國人氣喘吁吁，馬拉威人健步如飛，邊快跑邊踢球嬉戲。

一下卡車，無垠的空地讓我看傻。「這是哪裡？停車場？球框呢？籃框呢？難道對著空氣射門？」一大片草原毫無任何人造物，光禿禿地自由奔放，放眼望去殘丘美景連天。

「老師，你就等一會。」歐尼說。

【開球】

我穿梭土屋之間，在部落小孩的好奇注目下四處探索。走

部落公立中學參與的校際聯合賽。依山的歡喊與球門間的追影使人眺得如癡如醉，聽得內心澎湃。

英式籃球是一項流行於大英國協的女子運動。比賽分成四節，每節十五分鐘，兩隊各七人參賽，於中央開球。每節場次結束，兩隊必須互換。英式籃球的球規迥異於我們熟悉的美式籃球——參賽球員有自己的司職範圍，比賽期間不能跑步運球，只許定點拋扔給同隊隊員。手上沒拿球，球員允許在專屬的區域內跑步接球。球一入手，禁止奔跑走位，只能趕在敵隊球員跑到接球戰略位置前丟球給同袍，而搶球時機僅限於丟球及投籃的須臾間。籃框不設置籃板，射球手完全倚靠實力，精準投籃。因此，身高高挑者占優勢，這是英式籃球與美式籃球的共同點。整場賽事聽不得運球的拍擊聲，快步之間夾穿口哨音，尖響喧天。籃框是手工搭建的。

回草原，瞅見對方學校師生搬運數根長短不一的塑料水管，我立刻明白門框的由來——門框不是常設的球場設備。究竟是治安問題還是經濟問題？一夥人背扛過來，兵分兩端，開始卸貨組合。數十根粗水管宛如積木，邊扶邊撐之中緩緩成形，最後推抬而上轉變方向，兩邊門框終能相互對稱，拍手呼叫中掛上尼龍白網，競賽開始。

教練命令隊長召集隊員，準備熱身。口哨聲一響，這群平時嬉痞玩鬧又偶爾對我頂嘴的叛逆青年竟然集體嚴肅起來，像軍隊似的快跑集合，不存一絲玩笑，雙雙眼神充滿鬥狠。我從來沒見過他們如此壯志凌雲，至少不是教室內。足球是他們能自由發揮又不受學校介入的專才、是成長十幾年所培養的強項。我只有觀賞的份，他們的自在與信心宛如當日的陽光豔照。

隊長帶頭熱身。先是集體繞場慢跑，接著定點快速來回，再是技術練習——隊伍以靈活萬變的形式重組，蹬腿蹬腳之間履步交錯，足球踢來飛去。對方氣勢洶洶，每人是自小伴隨足球生活的老將。裁判使勁大吹口哨，中央開球猛力踹踢，尖叫驚呼四起。球場後方是朝下

的溪流斜坡，甘蔗密集圍聚。一旦踢遠，後衛沒守住，球往後滾去，部落小孩立刻自發行動，一窩蜂躍往高聳朝天的甘蔗田找球。球尚未找回，比賽暫停。選手們集合，齊心討論對策。

「我們向阿拉祈禱吧。」

沙艾布臨時提議。大家彎腰，肩靠肩、頭頂頭，背上手與手扣得極緊。「不要憂愁，真主與我們共存。（可蘭經第九章懺悔四十節）若一個人愛他的兄弟，則應當將心中的友愛知會他。真主至大。（Allah Akbar）」

縱使硬體條件匱乏，也澆不熄孩子們對於足球的熱情。

炊食
Kudya

【野炊】

五月建國總統 Hastings Kamuzu Banda 誕辰日，全國放假三天。假期第一天，栒亞學務長向學校提議舉辦野炊活動。一聽到野炊，新來的外國老師下意識地嘆氣，以為必須操煩接踵而來的苦差事。老實說，舉辦野炊完全不需要老師操任何心，學校也不必準備材料，都由學生一手搞定。他們唯一需要的物資是食材，校方只要加以提供籌備就可以。一聽到野炊，全校上下樂壞，幾近把整個丘陵給吵翻。學校中央草原是一片理想的空地，野炊時間五個小時，七點集合起灶，十二點完成善後。誰知，清晨六點已有一大票人提前等待。上課鮮少準時，這種野外娛樂反而比誰都積極。

梅老師昨日下午帶領老師們前往市集採購野炊需要的食材。學校撥給的經費有限，只能挑選最便宜的食材供孩子料理，雖然市場販售的選擇本來就不豐厚。學務長提早一週與一位從事蔬果生鮮批發的家長協商需要的分量，當天黎明開著卡車取貨。馬鈴薯、玉米、地瓜（甘薯）和其他含有蛋白質的食材，色彩單調樸素。一起被叫來幫忙的中學生倒樂此不疲，有笑有說之間搬貨上車。

集合時間一到，食材分量按照班級平均分配，放在地上成堆排開。伍老師和喬老師站在食材面前吩咐班長排隊領取，我和李老師在後方監督秩序。人多嘴雜的時刻，不能否認有人預想趁亂偷拿馬

鈴薯解解饞。你偷拿，別人見狀也偷拿，頃刻間亂作一團，大家沒得烤。卡本擔心中文老師的氣勢不夠威猛，親自下來督導。學生反應「看人出菜」，任憑外國老師嘶聲大喊，底下照樣鬧得忘我。本地教師出馬，不等開口，麻雀先噤聲。我抬頭望向青翠鮮綠的草原，感到疑惑。「灶臺呢？柴火呢？廚具呢？」學生告訴我：「老師，你看我們做就懂了。」

領取完食材，各班班長到草原選地。選好地方，劃分領域，蹲下身搬起石頭挖槽。另一夥人奔到丘陵上坡，拿著學校配給的砍刀砍木。別看他們涉世未深的青澀，手臂一施力，樹幹應聲倒下，生火有了著落。另一組人衝上前去，徒手將樹幹又撕又折，不在乎手掌髒亂。不旋踵，木柴貯備就緒，捆上布條，撐頂在頭上。副校長開放學生領取倉庫存放的磚頭，小學生們興高采烈聚集門口，中學生指揮動線。十二歲左右的兒童，頭頂上三個大磚，我看了很揪心，他們笑我大驚小怪。磚頭搬到各班專屬的區域，其他人迅速分工排列，圓頂狀的烤爐頃刻成形。女學生接掌後續，升起篝火烘烤。

「是誰教妳們這些野炊技巧的？動作很熟悉。」我看她們把木頭擺放得井井有條，一看就知道

是行家。學生們聽了發笑。「沒有人教啊！我們本來就會。」說完，繼續笑。點燃火柴，五分鐘後已是乾柴烈火。砍木劈柴、堆砌磚窯、升火和烘烤，看家本領一手包辦。「野炊」是本地人耳濡目染的童年、生活度日的一部分；我們的記憶裡，它是額外犧牲經費、時間、體力和交通開銷才能享得的「體驗」、是種技能導向的休閒。

【狼吞虎嚥】

馬拉威人的主食稱為「Nsima」，是一種由玉米粉烹煮形成的團狀物。全校二百多人張口要吃，學校廚房每天必須動用數十個鋼鍋來料理。玉米是耐旱型農作物，容易栽培，生長期快，是許多非洲國家賴以為生的重點作物。最普遍的烹調方法是搗碎成粉，水滾之時摻和攪拌，凝結成形的糊狀稠物即成數億人的「基本」三餐。多數家庭涸轍窮鱗，每餐最多只吃少許的玉米團，根本談不上配菜。

為了節省開銷，廚房鮮少仰賴瓦斯燒菜，而是回歸傳統。縱使濃煙瀰漫，可是經濟實惠。凌晨四點，雞群未醒，廚工們預備搬柴。烹煮「Nsima」很費勁。廚工們往灶口擺放木堆，扔些報紙升火，點燃火柴，十餘年一如既往白煙裊裊。水燒開，廚工同心協力扛起玉米粉袋倒進鋼鍋，旁人抓著木棍不間斷地攪拌。待鋼鍋裡頭的玉米糊完全稠熟，攪拌才停下。此時廚工舀水把火澆熄一點，文火燜煮五分鐘完事。時間到，另一夥人提來一大桶冷水。掌廚大媽掀起鍋蓋，握著大勺子往冷水浸一下，接著從鋼鍋迅速舀上一勺糊團倒進給學生夾菜的鋼桶。「Nsima」黏性頑固，糊團很容易附貼於舀匙上，這般先浸水再舀糊的反覆步驟能減少沾黏的機率。

山上砍柴的婦女和學校的露天廚房。

開飯時，我察覺幾乎每個學生堅持傳統的手握吃法——用手挖起一小塊「Nsima」，揉成小球沾菜一起吃。「學生不習慣用餐具。」本地輔導老師翠清直說。「在部落吃飯全用手。餐具珍貴，重要的節慶活動才捨得用。」她指著桌上的白

盤子。「不只是麵包，就連那麼一碗『Nsima』也不是想吃就吃得到。每個新進學生被政府委送過來，見著學校三餐供應豐富、衣食不虞，不得了！大快朵頤，深怕慢著就讓別人把美食盛走。」

鄉野貧瘠無法言喻，路邊餓屍是尋常。每個新生無不餓著生長，內心惶恐不安。一旦有得食，絕對拚命吃，那是一種「寧可噎死，也不讓嘴留下遺憾」的狼吞虎嚥。這種慌忙的飲食舉措是新生共有的行為，輔導組在他們入學伊始即展開輔導工作。追蹤三個星期左右，新生的焦慮逐步減輕，暴飲暴食的恐懼逐漸舒緩。只是，他們的胃口不變，畢竟正處於成長期。

【頭頂】

婦女的「頭頂」讓我看得瞠目，不禁讚嘆本地女性的厲害。首撐重物，穩當不倒，走起路來輕鬆自在；豔日烈照下，三兩成排，談笑悠然。竹籬盤比雙肩還寬大，上頭堆放小麵包、調味粉、水果和十幾罐汽水，估計總重二十公斤，面無難色地走動。黃昏日斜，涼風吹拂，撫過猴麵包樹的葉梢；婦女胸前抱著襁褓包裹的嬰兒，高挺的身影斜映在沙灘上。逆境生存的強悍光輝襯著夕陽閃映，堅挺無畏的勞動身形在傍晚的回鄉人群中顯得偉碩。學校女孩們也熟稔頭頂重物，廚房大媽更專業。頭頂平衡著寬大的鋁盤，不擔心翻倒瓷碗。頭上墊塊花布圍成小圈墊著，蹲下身挺起胸，另一位同學幫忙把盛滿飯菜的鋼鍋提到頭上。東西定位，緩慢起身行走。

「脖子不疼嗎？」

「不痛！習慣了。」她說話的同時，頭上至少十五公斤。「從小看著媽媽姑姑做，很簡單。」

與人不求備，檢身若不及
Zipangizo zophunzitsira

部落孩子像自在的草原野馬，想去哪就去哪，想做啥就做啥，高聲呼喊是天下。好動活潑的天性使得他們難以冷靜專注，注意力容易改換，作業棄而不寫是家常。他們並非天生野蠻，而是缺乏引導。原本擔憂課程無聊而不專心，教師們總得千方百計盡力吸引學生的目光、用盡任何趣味活動把持學習的專注。馬拉威恰恰相反，學生需要靜態安撫，緩和內心的訖情盡意。班級管理是為了維持秩序而針對學生的管治手法，然則「一榮俱榮，一損俱損」，教室內的頑皮源於天真思緒，時時刻刻修煉老師的功力、磨難學校的能耐。雀喧鳩聚，態度懈怠？傳統講課不管用，因地制宜是妙招。

【定性】

馬拉威教育部規定的小學課時很詭異。一節課四十分鐘，但是並非每節課後休息十分鐘。上午七點三十分至十一點五十分上六節課，中間九點三十分休息廿分鐘；下午一點半至三點半有三節課，中途不休息，一共九節課。

有些科目單獨一節，有些連續兩節，例如科學、英文、數學這類需要繁複練習的科目。中文課一次四十分鐘，一週三天。乍看之下時間寬裕，實際上每堂只有半小時講課，十分鐘用於管理秩序。

學校沒有電子鐘，上課、下課和放學的鈴聲依靠校工敲打鐵盤。

既要複習舊的內容，還得導入新課，中途免不了搗蛋調皮的情況。老師平時建立的威信若不強，幾個人的小胡鬧很快星火燎原，全班揚鑼搗鼓，得耗費更多的時間管理秩序。

「學生不累嗎？上午只有一次下課時間。」我問卡本主任。

「鐵定累的，不過是必要之累。你們亞洲學生能自律，準時意識高。這群小孩頑皮慣了，鐘聲響還不願意進來，心早早飛到九霄雲外。若每堂課之間安排十分鐘休息，下節課的集合效率絕對差勁，無法準時上課。」

上廁所怎麼辦？舉手請示老師，允諾了再去。下一個人想去，得等到前一個人回來才放行。沒有經驗的外國老師容易被學生糊弄，一次批准三、五個出去。走廊上邊跳邊玩，半小時以後跑回宿舍睡大覺。

替喬老師代上五年級漢語課的心情總是百感交集。二十個部落小孩能要求什麼紀律？浮浮躁躁，臺下傳來永不止息的嘻笑耳語；我轉身厲聲幾句，再轉回黑板寫字，故態復萌。學生需要培養定性：明白什麼時間該做什麼事，不應該下課上課一樣糊塗。我暫時放下進度，嘗試玩起摺紙和繪畫，意外發現這些美勞操作能使他們平靜下來。為何管用？因為鮮少接觸，有的甚至沒有在家用蠟筆作畫的經驗，頂多握著鉛筆在廣告紙上塗鴉，簡簡單單的線條滿足想像。蠟筆散發垂涎的水果香，色彩繽紛宛如擁有世界，緩緩補足心中的那塊數年不曾滿足的缺憾。

我們任職的學校教室。

部落公立學校的教室。

初步效果出奇地好，我決定多試幾次。我告訴全班：假若我進門前能主動坐好不胡鬧，每兩週隨機挑出一堂課畫畫，單純的孩子馬上答應要求。漢語課時間一到，學生主動

沈老師製作的色彩教學教具。老師口頭或寫字指定一個顏色，學生套環得分。

歸位，靜謐等待。每人一張裁剪過的Ｂ５圖畫紙，隨意發想主題，創建心中小劇場。一天上午，我去市中心的超市買午餐，忽然在停車場旁的廢紙回收場瞅見幾本封面完好的繪本。想也沒想，逕自撥開鐵網尋寶。我把沒畫過的內頁撕下，裝進手提袋，免費繪本冊入手。物資緊缺，找份教材這麼委屈。

某年元旦，我和總務主任到富豪區拜訪一位新居喬遷的國會議員，他正指揮裝潢工作。庭院七零八落，我瞧見五斗櫃上有團國旗布堆，心裡很激動。過幾天就要教導顏色，從國旗繪畫下手再好不過。我放下顧慮，請求議員贈予，畢竟馬拉威很難找到這種裝飾物品，況且我還想當作教具。我把國旗展開，掛放在黑板前，很吸睛。除了莫三比克、尚比亞、美國、中國、英國和南非，學生們不認識其他。我先介紹歐洲國家，國旗多為三色組合，構成簡單，適合作為顏色教學的入門磚。最後一節課，我讓大家票選自己最中意的外國國旗，再用漢語說明理由。挺多學生選擇歐盟旗、韓國和中國國旗，理由是這三面旗幟常見於路邊的援助立牌上；有些人選擇美國與英國，因為課本封底就有這兩面國旗圖像。（教科書印刷援助計劃）具有獨立思考能力的中學青年有天捫心自問：為什麼我們得透過水井的援助立牌認識外國？馬拉威沒有資源建造水井？政府沒有技術？母語課本封底被印上「UK AID」的字樣，不覺得難為情？

◆

兒童缺乏定性，外師們由衷怨嘆。野慣了，書本亂扔，蠟筆色紙之類的才藝用品倒愛不釋手。部落裡大手大腳地過日，摺紙這類需要精準度的操作有些難度。你以為將一張正方形對折成三角形不需特別教導，實際上總有小孩即使摺得七橫八豎仍感覺無所謂。「不管怎麼樣，我就是摺了，有什麼差別？」無論如何，摺紙及繪畫的目的是培養專注力，其次是教學。蠟筆在手，氣定正坐；摺紙更上一層樓，透過實作過程一邊練習漢語口令，一邊養成注意力。摺紙教學從最簡單的鯨魚、鋼琴和狐狸嘴巴等等耳熟能詳的物件起頭，漸進循環至需要細膩動作的紙鶴及氣球。

「看老師的手。先把這個地方（食指指著頂點）和那裡摺起來，變成一個三角形。一起說『三

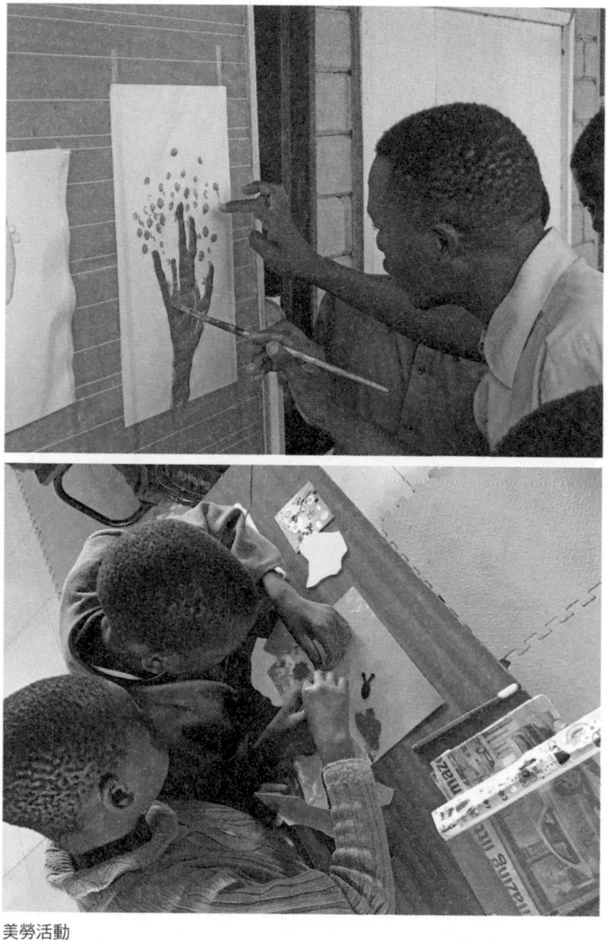

美勞活動

角形』。」

「再看我的左手。把這邊打開，變成這樣，再往右邊摺過去。」

「打開這裡壓下去（邊說邊動作），鴿子出現了！」

如果以小學生的能力而言，繪畫是主動，摺紙是被動。繪畫不太費心，平靜效果好；摺紙要動腦，有些學生跟不上全班的速度，必須留意。一疏忽，容易鬧哭。聽不懂中文，至少還可以讓同學教導；若本身學習速度慢，下課後則留下來給他們演示幾次。此時，其他沒事做的人跟風擠到講臺看我摺紙，我就要分心注意是否有人偷拿桌上的東西。

有次我回到辦公室準備改作業，赫然發現紅筆遠飛而去，心中充滿失落。一心希望能用些什麼方式提升他們，偏偏總有意料之外的差錯提醒自己：夾站於本地習性與現實之間，期望不能高。只嘆我們都是過客，時間不夠久。至少，繪畫與摺紙已是我的招牌活動。課鈴一響，大部分學生懂得自發坐回位子，遲到的老問題逐漸改善。

【不公平】

考慮他們的生長歷程，課堂競賽不論輸贏統統有獎，保證人人自尊不受傷害。這類的公平機制不單意指物品數量，亦涵蓋包裝及外觀。期末考結束的隔天，老師們會準備小糖果作為鼓勵。一人一顆還不夠，有些孩子特別在意包裝。他們眼裡，不同包裝代表不同分量。口味不同，內部交換即可；包裝不同，意味著尺寸相異，變相比別人少吃一點，心裡不平衡。

「他的糖果看起來比較大，不公平。」

「老師，他的糖果看起來很好吃。」

「為什麼我的餅乾只有一片，他的兩片？」

「他的餅乾是雙層的，但是妳的單片餅乾是他的兩倍大。」我解釋。即便兩者餅乾分量相同，

小學生的世界聽不得這些解釋。不患寡而患不均，部落沒滿足過，身處充滿資源的學校更會爭。這是人性，阻擋不了，只能引導。學校政策保持一貫：競賽後，人人必得基本的「平等獎」。優勝者獎項的樣式不會與平等獎相差過多。平等獎是一顆糖果，優勝獎品也是糖果，只是數量會多些；平等獎是原子筆，優勝獎品肯定亦是原子筆，頂多樣式豐富點。獎項絕對不給電子產品，徒增貪念。假設學校沿用「僅得名者有獎」的現實法則，生搬硬套必是一連串的眼紅偷竊與霸凌。如此一來，競賽的意義徹底失去，不如不辦。

五種動物造型的摺紙，每種動物各六張，我各抽出一張作為示範，其餘二十五張分給七年級二十五人。五人一組，分成五組，每組負責不同的動物摺紙。原本的規劃是分批教學：老師輪流組別進行示範教學，其他組別先自行按圖索驥。理想歸理想，學生立刻鬧意見。

「每組的動物不一樣，不公平。」

「我們這組摺鸚鵡，很難做；他們那組摺海狗，很簡單。」

「不想摺猴子，想要摺海鷗。」

「老師！我不會摺，我不想做。」

雞爭鵝鬥，尋爭尋鬧，頓時昏頭，怎麼處理？我走到牆邊，打開日光燈的開關——還沒停電！趁熱打鐵，抓緊時間。天曉得待會是否停電？我只快快跑進隔壁的辦公室，開啟影印機電源緊急加印，平息資源不公的爭議，櫜弓臥鼓。

Republic of Malawi

Chaputala 02

獨具匠心
Kuphunzitsa

以前自學韓文的課本是梨花女子大學出版的「이화 한국어」，第四課有首新詩過目難忘：「사람들 사이에 섬이 있다. 그 섬에 가고 싶다」。我的翻譯是：「人心之間有島嶼隔閡著。那些島嶼，想去。」

二〇二〇年三月二十三日，政府宣布預防性停課，勒令學生返家。停課期間，部落無法實施線上教學，我們開車下鄉家訪並將預先設計的作業帶給他們自習，順道趁著的空閒與幾位鮮有交集的中學生們在玉米田間漫走談話。資源的不均分配，極低的機率能迸發求上的韌性。富裕給予信任，貧窮考驗人性。那首新詩的真義在讀過的數年後才徹悟：人與人之間互搭橋梁並非難事，真正的障礙在於能否取得橋另一端的訪問權限，即便你就是這座橋梁的工程師。馬拉威五年，實際上教學只占四分之一，課室外邊的紅塵滾滾皆是文字無法刻劃的動撼。

停電

Palibe magetsi

【無電可用】

無電教學，教材昂貴。教學沒有藉口，想方設法搞出名堂。水力發電占七成發電量，其餘產自火力發電及鄰國進口。依靠水的事業仰天賞賜，不巧氣候變遷，降雨不定、農作歉收、財政緊縮、民怨沸騰、電力供應雞犬不寧。每日不定時停電一次，每次時長五個小時。六月至八月是冬季，頻率更甚，三天無電正常，工作計劃端視停電時段：一早起床不能先盥洗，先啟動洗衣機洗衣服才是聰明做法，而今晚能否使用微波爐做飯倒不敢預想。

鄰近考試，麻煩更大。影印機不能用，柴油發電機又屢修不好。倘若電力供應持續不穩，考試週來臨前勢必手工謄寫近百張漢語試卷。如同秋天落葉，滿天漢字以雨的姿態在眼前飄落，狂亂而混沌。電腦打字，字型工整可辨，手寫字倒說不準。筆跡再好，連續兩小時動筆盡是折磨，又痠疼又顫抖。謄寫到最後，每道題目牢牢刻嵌內心，竟能閉上眼一字不漏地複誦出來。學生瞠目結舌，喊道我走火入魔。某天梅老師正準備雙面影印三十張講義，好端端的清晨突然停電，影印機如惡夢般地停機，第一張紙還沒印出來。下次上課，她直接把句型抄寫到黑板上，逼著中學生將注意力定錨於課堂。非洲教學即是如此，無時無刻預備從科技步調瞬時回歸傳統的能耐。

停電的夜晚，柴油發電機是校園運轉的主力。

停電影響的範疇不僅止於生活，學習效率連帶受挫。柴油發電機無法在停電時段全程發電，每次運作最多三個小時。馬拉威的油品仰賴進口，分別來自阿聯酋、科威特和南非。莫三比克接受外國油輪供油，經過提煉加工的程序後，再透過貨車運輸至周邊內陸國家，價格昂貴。學校資金取自歐洲募款，一分錢一分貨。全球景氣頹廢的今日，募款更加不易，學校不願承擔長期發電所消耗的保養費用。太陽能的發電功率有限，難以供應全校一整天的用電量，況且還有電腦課。

我習慣總結一個章節之後，預留一堂空課給予中學生寫作業。天津廠商附贈的習作本，其練習量總是不夠，平日備課之餘得再另外設計學習單。這些工作無論繕打或影印，沒有電則白費武功，因此大家具備高度的危機意識。老師們最晚在週五傍晚前完成下週課程的細節規劃，包括學習單、講義模式與考試方向，再趁著電力開溜前迅速繕打，影印成冊。

整整一週的課程，教具與素材統統設想周全。如果老師心血來潮，想臨時為下堂課增添趣味項目，得祈求運氣。假設上午停過電，下午或能安心備課，問題是沒人猜得準時間。開啟電腦，好似行走於刀刃之上，一不小心跌落下來，立刻觸發停電的後果。數年以來，影印文件湊巧遇上斷電見怪不怪，每人練就排除卡紙的本事。若學校不啟用發電機，我們只有兩個選擇：要不提筆謄寫，要不更改下堂課的規劃，臨場應變。

部落的幼兒園，簡陋稻草屋。

【作業】

本地教師認為我們反應過度。「我們家鄉的停電時間很隨性，甚至整個星期沒電。別埋怨！學校的電力供應很穩定了。」孟菲修女說道。我認為不好：國家缺電，灌溉耕作仰仗勞力，產量受限、收入不豐；企業缺電，投資少，工廠規模限制產能、市場困窮、工作機會粥少僧多。造就貧窮的因素永遠歸咎於人為，而非自然環境。政府財務短缺，有限的資源下放至限定的公立學府，其餘部落二千所中小學自求多福——四人共坐一把長椅是尋常，整間教室五十人共用三十套坑坑窪窪的木桌椅，教師持著粉筆克難執教。條件較好的學校不一定人人有書包，一本筆記本足以稱之「資源良好」

（本地工廠出品的筆記本單價三百克瓦查，約新臺幣十一元）。現實層面而言，學生普遍打工攢錢買文具。

與其稱呼作業，更精準的說法應當是「複習」。部落學校下午三點放學後，學生接續鋤田的勞務，必要時再奔去市場兼差。薄暮時分、人群消散，返家升火燒飯。夜空下席地散坐，篝火焰舞、蟲鳴寂靜。偏鄉土屋，無電無桌，待在家裡的日間全奉獻給農務，這類條件無法支持年輕人居家學習。一切與學校相關的事務於校園內解決，校門外是農務與家庭的時間。極少部分家庭負擔得起補習開銷，雙親從事的工作通常以服務業或公務員為多，自然重視下一代的學習表現，貧富差距萌發。

千萬別指望學生遵照計劃繳交作業。一離開教室，先前囑咐的萬萬千千全數擱開遠去。終究我是外國人，不會把我的話掛念心內。變通方法唯有一項：課堂完成。既然作業列入課時，意味著每週三堂課可有一堂用為複習。從習作本到短劇表演，無論何種形式皆掌握一堂課的時限。假設這個章節的習題模式是聽力練習，我必須預備停電備案；口語演練中最頭疼的狀況是同學不尊重表演人，閒談閒語停不住；團體表達最怕氣氛過熱，班級紀律收拾不起。

如何拿捏尺寸？怎麼分辨哪些可能刺激學生陰影的話語？蓄意搗亂秩序的學生該怎麼處置？講義的題目是否太難？（題型沒寫過，絕對繳白卷）所有可能發生的細節需要趁著撰寫教案的階段一一考量，馬拉威人的熱血澎拜不允許沒有經驗的外國老師臨場發揮。青少年沒養成良好的行為認知，既然來到歐洲人管理的學校，環境調整一切。

馬拉威小孩常玩的本土遊戲 Baw。

妙手丹青
Wochenjera

【手工海報】

中國十一國慶當週，孔子學院贈送每位漢語教師一套教學海報，洋洋灑灑各二十張，兼顧簡化字與傳統字。數量太多，我們擔心落人口實，打電話給院長詢問虛實。「國家資源多，免費支援老師教學，你們就拿著吧！」院長笑得豪邁，不在乎成本。大家分類海報，計算牆壁面積，預備裝飾教室。本地老師走過，海報上的古物照片吸引他們目光，湊來品頭論足。「設計精細，全彩油墨印刷，塑料紙材質，肯定花費不少錢？」光滑平順的包膜很讓枸亞學務長感興趣。「是別人贈送的禮物，不花錢。」梅老師將海報壓平在牆上，我剪下泡綿膠帶趁勢黏緊。

「免費贈品？」他們眼睛猛然打量。「你們應該偶爾自己動手畫

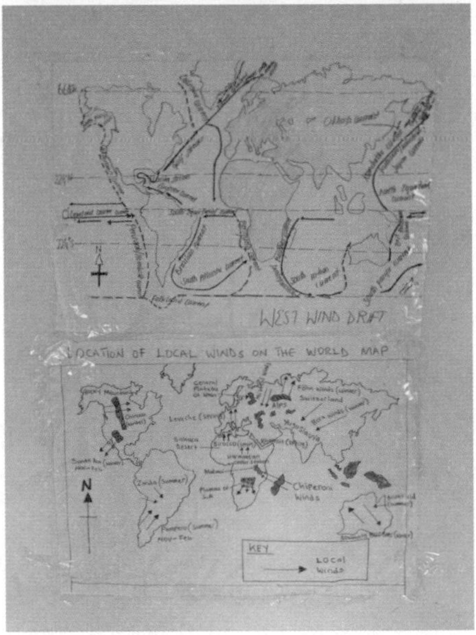

些海報，這樣才是習得非洲教學的真本事。」栒亞說得沒錯，馬拉威老師修煉一手絕藝，徒手畫海報是出名地厲害。嶄新的白色海報紙鋪平桌上，遮上麥克筆，課本開展眼前依樣畫葫蘆，半小時後竣工。下從海溝上至衛星，左自物理右至農業，任何科目不成問題，還用齊切瓦語標注。

「中學三年級教室的洋流分布圖，你花了多久時間畫好？」我詢問中學唯一的地科教師比拉尼，他曾是志願軍人。「半小時。」說得挺輕鬆，他看我懷疑。「真的只用了半小時！師範學院畢業三年多，每個學期總要畫一次，全記住了！」

「不諳繪畫，該怎麼辦？」我反問。他很疑惑，好似我問了低智商問題。「這種事不可能發生，否則怎麼上課？」我沒答話，舉起壁報端詳。一無所有的環境裡篳路藍縷，雖則外國老師的教學能力不遜於本地教師，手工製作卻嚴重伏輸。一旦停電，實力高低打回原形。

【就地取材】

貝斯副校長接任呂特的職位之前，她沒來過非洲，對於馬拉威毫無概念。「第一個月的體驗徹底顛覆我三十多年的教育認知。」教務主任呈遞新學期課表，她發現美術課的黏土用量不低。黏土勞作是小學中低年級美術課的基礎環節之一，每個學期上兩週，每週兩堂。一至五年級一百人，意味著學校至少需要添購一百包。「請總務處貨比三家，一百包不是開玩笑。」

卡本笑答：「不必花錢，黏土已經備妥。」

副校長眼睛發亮，猛然坐直。「放在哪裡？怎麼沒瞧見？」

主任伸手往窗外一指。「到處都是。」

上課前，本地教師計算今日美術課需要的黏土量，再差遣班長攜人帶著工具到西邊叢林鏟土。學生依照指令，桌面鋪上報紙並從鐵桶拿取應當的量。樹林斜坡的黏土摻雜枯草斷枝，學生處理起來

小菜一碟。土有兩種：一種是紅土，適合種植茶葉及燒磚；一種是東非高原特有的原生灰黃土，性質斥水。不降雨時土質強硬，一旦降甘霖，軟化成糊。此時用鏟子裝滿鐵桶，再摻些水攪拌幾回，黏土形成。

小學生的黏土作品呈現部落的家庭原貌：農活採集、牧羊趕集，不過人物情境讓人在意。

「這個女人是誰？她在做什麼？」我指著拿杵臼打舂的泥人。

「我的姑姑，她在擣玉米粉。玉米收成日，她把玉米粒擣成粉末，我裝進布袋搬去市場賣。」

「男人呢？」

「叔叔縫鞋子。我們家有兩雙皮鞋，週五做禮拜的時候才穿，不能壞。」

我沒問她為何黏土塑像的主角是姑姑叔叔，而不是父母親。若問，傷心欲絕。草原上奔馳的足球員、教室裡靜思溫書的應屆考生和聚集廚房燒熱菜的值日生等等，所有被政府挑選送來的學生皆藏隱著不忍回憶的童年遭遇，不提為妙。學生潛言略述他的作品，我明白難言之隱。日子久了，熟悉有些話不能說不能談。基於保護心理，不主動詢問含義、不談論創作動機，只給予讚美及欣賞。不堪回首，剮心回憶。

【熟稔生巧】

教導漢語，「認漢字」是極要緊的環節，好比俄文的詞位變格，不可忽略。回收廠的廢棄紙板是完美的素材。切裁合宜給每個人，接著再帶領全班到戶外草坪拾乾草。「你們這是去牧場餵牛嗎？」副校長瞧每人手上緊握一捆枯草，匪夷所思。「教他們用枯草寫漢字。」我在走廊另一邊回頭說道。桌椅排併好，發下白膠。「每個人把紙卡撕成四個等分。自己從課本選出喜歡或是你熟悉的詞語，再用鉛筆畫在紙板上，最後用你撿來的乾草拼起來。」我邊做邊說，大家這下明白我的用意，談笑之間開始製作。有人做上癮，跑去草原撿回更多乾草拼成一幅畫。我發下自己特地買來的鋁箔紙讓學生完成拓印，學生的創意反映他們的心。「我家有稻草屋頂，後面是叔叔的甘蔗田。」

另一個玩法與乾草拼字雷同：撕紙——將乾草替換成碎紙片。為了不讓學生養成不良行為，我不允許他們把課本內頁作為碎紙片來源。禰老師和我週末一有空就去學校回收場搜集尚無染汙的廢棄紙

張。自從枸亞知曉我在購物中心垃圾場撿拾繪畫本的事蹟後，對於我倆找尋廢紙的行徑見怪不怪，甚至還把學務組的廢紙交給我。「這些數量夠你們撕一個學期。」他笑說。

下課時間，萬牛奔騰，蜂擁而上。我瞅見兩個二年級的小孩拉著鐵絲往外跑。我既擔心又好奇，跟隨上去，躲在樓梯間觀察。他們跑到樹叢邊坐下，從口袋拿出白色塑料罐，拾起石頭拚命敲砸罐底，再捏起鐵絲鑽進方才敲出的小洞並拉出瓶口。三分鐘一過，汽車成形，四個白色塑料罐是輪胎，其餘部位像模像樣。站起身，鐵絲纏繞一根樹枝，手控上路。

【農耕本領】

八年級升學會考固定於五月底舉行，通過會考即升級至中學。除了筆試，農業實作也是重點考科。小學除了知識學科，還包括三大領域：民俗手工、宗教與農耕。農耕課程時數最多，中小學各個年級每週四堂。教育部明文規定全國各級學校務必開設農業課程以教導四大糧食作物（玉米、甘蔗、馬鈴薯、小麥）和三大經濟作物（菸草、棉花、咖啡）的種植知識，無論是否已在部落學會。中學三年級開始，每學年至少安排三次經濟作物工廠的見習參訪。

農業課程不能紙上談兵。鋤頭分發下去，學生熟悉做法。人人一身功夫，二八年華的女孩都清楚如何砍樹。厚度不一的樹幹不惱人，角度與力道是輕鬆事。褲管一捲、鞋子一脫、馬步蹲穩，一道手勁狠力砍下去，二十分鐘不間斷不喊累。

「老師，你擋住了。」

「老師，借過一下，我要砍掉這棵矮樹。」

「你們幾歲學會耕作的？」我問大家。一名女孩放下砍刀，膝前的矮樹已被砍得搖搖欲墜。

「八歲就會了！很簡單。」

砍草之後，整土挖渠。剛才砍下的草堆用鋤頭沿著渠道集中堆疊，再掘土往上覆蓋作為肥料，最後按照一定的距離播下種子。玉米耐旱，趁著十一月雨季來臨前播種即可，剩餘步驟交給氣候。如果雨季恢復往常情勢，隔年二月將有豐富的產量可供外銷；倘若雨量不足，氣候變遷影響過甚，馬拉威將重蹈二〇一五年的覆轍，飢荒頻繁，騷亂促成戒嚴。這個時代仍有國家純粹依靠農業維持經濟，除了「鋌而走險」以外，我找不到其他合適的詞語形容年復一年的處境。

中學的農業課程更深層，觸及農機器械和外貿的範疇。翻開課本，粗厚三百頁越看越驚奇。馬拉威視農業為全民教育，唯獨我不懂。學生見我讀課本，紛紛問道：「老師，你們會種田嗎？你們的學校教導這些嗎？」

我搖頭。「沒有。」

「為什麼？」

「在我的國家，農業與農技是特別技術性質的學科，只有政府指定的職業學校才具備獨特的資源能傳授相關知識。」

「這樣不行。」學生搖頭。「你應該也學著拿鋤頭。」

某天放學，沙艾布他們班負責值日留校砍草。「老師，這把刀給你。」他指向遠方一把橫放草叢中的砍刀，專門留給我的。「怎麼做？」我拿起來，左手沉甸甸，宛如一把獵槍。

「看我們的手臂，蠻力揮下去。」說得一派輕鬆。臂膀使力，雜草瞬間腰斬。實際上飽含學問，刀口與砍面維持一定的角度才有施力的意義。

「沒辦法。」五分鐘後，滿頭汗雨。「砍不掉，草太硬，好像砍棉被。」

「你陪我們練習幾次就懂訣竅了。」

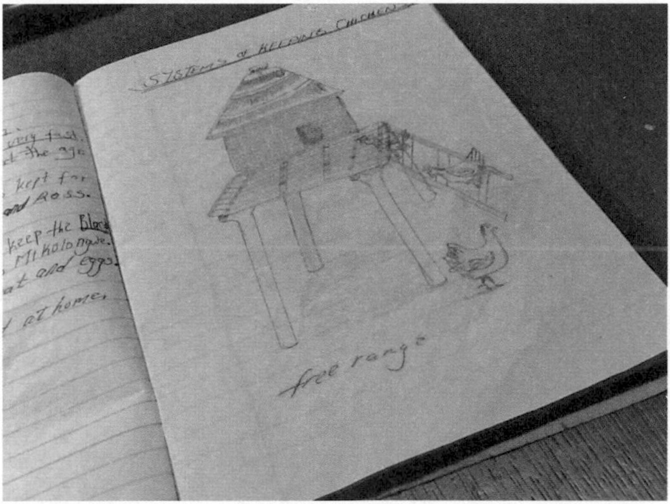

學生的農業筆記。

3
Malawi Institute of Education
Produced and printed with support from
USAID
FROM THE AMERICAN PEOPLE
UKaid
from the British people

Maso athu

【看電視學漢語】

影片引導教學，引人入勝、效果強勁。「南區分局重案組，吳英雄收到。」英雄掛上對講機，排檔疾駛而去。一位七年級的孩子看過高雄港灣櫛比鱗次的景致，隔天一早問道：「什麼是『鑑識官』？」學習文化不濃厚，樂天好動的性格影響態度。老師勉強，他們卻不在乎成績；要求安靜聽課？多數人感到折磨。怎麼辦？江老師熱愛電影，突發奇想地將影片融入漢語課。其又約法三章：每堂漢語課結束之前完成作業，每月最後的星期六下午就在教室看影片。不會上網的小學生們很好約束，別說外面世界的模樣，連地圖也不一定讀懂。

他們若想認識遙遠國度的模樣與生活，看影片是歡樂的渠道。平時上課補眠的公主王子們終於拿起鉛筆，在筆記本上盡力寫下漢詞。我們找尋能讓他們學習新知的影片，包括國家地理頻道的紀錄片。即使看不懂內容，裡頭的特效與英文多多少少拓展孩子的思考境界。

看衛星電視學漢語。馬拉威沒有徵兵制，亦沒有軍旅相關的影劇。學生好奇軍隊生活，新兵日記一炮而紅。

教室看影片的環境很克難，停電更沒輒。

這個做法傳進中學生耳裡。一夥人走進辦公室，希望我找時間讓他們看中文影劇。每週日下午一點，學校允許中學生租借投影機放些印度電影給全校學生看。我們提議收看中文電視劇，學生也想透過影片來練習正常語速下的漢語聽力。看衛星電視的活動備受歡迎，只許容納五十人席地而坐的舞蹈教室像沙丁魚罐頭般地擠塞二百多人。為了安全，主任下令敞開大門通風。少部分學生忍受不了室內燥熱，走到室外趴倒窗臺直盯螢幕不放。

痞子英雄與法律警政相關，因此江老師順水推舟地打造補充教材。「法官」和「警察」記得住怎麼寫，也知曉「記者」、「檢察官」與「鑑識官」是什麼樣的職業。收看電視，唯一必須留意影劇裡面是否涵蓋非洲人或是外國非裔人「居於劣勢」的情節，否則後果不好善後。德國電影《雲圖》的輪迴構想曾被我中意，但是劇情呈現鞭笞黑奴的畫面，學生或許未能看懂電影的拍攝手法而產生誤解（老師就有責任解釋內容）。每件事情有好壞兩面，確實有學生受到影視佈景的刺激，對於外界產生不切實際的遐想。

抱持這種憧憬的行為不是少數現象，而是涉世未深的純樸。如果沒掌捏好，他們認識世界的方式或將出現誤判。

【地圖】

「老師，我能不能用你的 iPad 地圖找我的家？」

那天下午很熱，晴朗無風。西班是我剛任職時，第一個和我說話的小學生。多年來，見他從一個踢球亂跑的小學生轉變成一位意氣風發又年富力強的少年。某個五月週六下午，他和朋友進來辦公室探訪我。我的 iPad 沒有遊戲，只安裝旅行及教學相關軟件，學生自然沒趣，Google Map 是唯一讓他們愛不釋手的話題。部落塵土漫天、柏油路上黑巴來往、草原球場野奔狂跑，習以為常。然而，從高空看家園是稀罕，我意識到這是另一道空間刺激——十五年以來，他第一次從高空看家園，我無法想像困難或者簡單。我不說話，靜看他怎麼弄。答案是：從頭教起。

「老師，這是哪裡？藍色的線是什麼？中國人建造的足球館在哪邊？」

「這是里郎威的衛星空照。」我湊過去，伸出手指向一個地方。「白色橢圓形的建築是足球館，學校在南邊不遠處，你試著找。」

「這麼遠。」眼睛睜得很大，第一次從上空看自己的家園。「老師，你能不能幫忙尋找我的家？」

「附近有什麼地標？鄰近哪個有名的地方？你標記出這些特徵，就能找到你家。」西班住在首都郊區，是少數戶籍登記在城市的學生。大多數學生的老家遠在天邊，路程時長八個小時起算。

「我不曉得怎麼從學校走出去。」他轉頭看我，一臉問號。我忘記學生沒有單獨外出的自由。寄宿學校門禁森嚴，不准隨意外出，只能仰賴校方安排的團體旅行。即使他們有翻牆偷溜的習慣，卻僅止於到附近商家打打牙祭、四處溜達。市中心位於直線距離二十公里外，沒有交通盤纏是不可能憑己之力抵達的。

「你告訴我，你家附近有什麼公共設施？清真寺、學校、市場還是水庫？」

「啊？我不記得清真寺的名字，雖然就在附近。很大、綠色圓頂、貼近大道，非常吵鬧。」我腦裡浮現街上黑巴喇叭轟鳴的聲響。「我記得斜對面有座足球場。」

「草坪還是沙地？」我問。

「紅土沙地。」

「再想想其他地點？只憑這些信息，找不了。」首都一百萬人口，七百二十七平方公里，幅員遼闊。我沒去過他家，他也不曉得怎麼找。家在舊城區、紅色鐵皮屋頂，鄰近紅土沙地的足球場和綠圓頂清真寺，訊息仍然不足——鄰近足球場的清真寺成千上萬，從何找起？

「老師，我能找多久？」

「不趕時間，你慢慢找。」他的指尖越過一座座殘丘，掠過無數牧場與公路，看得著迷且目不轉睛。許多孩子是短期熱度，體會一點樂趣就擱在一旁，起身走人。三十分鐘後，他反倒沒離開，持續飄盪城市上空。那雙眼睛宛如雷達監測員，緊盯地圖不放。他在一座清真寺的上空停下，放大。

「找到那座清真寺了。小時候常和哥哥去那裡做禮拜。」

「哥哥？」我知道他有個弟弟，可是沒聽過他有哥哥。

「去年饑荒餓死了。」他說得我震驚。「我剛剛一直想，這種衛星空照圖會不會是哥哥的視角？他肯定明白我多麼思念他。」

【英國】

「老師，今天是不是德國納粹投降的日子？」

我先糾正他的句子：「以前的今天是不是德國納粹投降的日子？」

帕羅聰明積極，常主動向老師借閱課外書本自我進修。二〇一八年七月的第三個星期，寒假伊始，同班同學盡在部落玩耍，唯有他走回學校專程拜訪我，心想趁著空檔補習中文，我則請他每天早上十點來辦公室上課。他出身自警察家庭，身教嚴厲，言行氣質文靜儒雅，站在人群中總讓老師注意到他穩重的神韻。因為家庭原因，他不住校，每天走路往返，與中文老師相處的機會少，漢語程度落後同學一大截。與他同年進校的馬切曾遠赴昆明參加漢

語橋世界中學生中文比賽，他連量詞仍無法掌握。不過，無論進度如何落後，只要有動機，任何時間補救皆來得及。

針對尚未建立完整語法體系的既定基礎學習者，教學法量身訂造。已經學過的部分，我加深

補充，儘管語意上與課本沒有直接聯繫。他學過「军人」，我就告訴他「军队——『人』左邊加上『阝』，就是『Team』。『Soldiers' team』，『军队』。」，他很想念一位孔子學院的老師，姓周，他問我「周」怎麼寫。我教他這個字，順便教他「周围」。下一課的主題恰好是環境與物品，先前許多無意間提起的補充變成這堂課的知識準備。他有強烈的動機、複習意願高，教幾次就記住。學習這回事，主動性很重要，事半功倍，量詞卻讓他為難。為難點不在於寫字，而是很多東西沒見過也沒概念。為了不讓他受挫太深，我親自到他家走一趟，看看有什麼他熟悉的物品能搭配教學。

警校訓練。英國殖民時代的警察體制、服裝和儀仗形式仍沿用至今。

三年級那年選讀社會組，班導師馬弓博負責整學年的非洲近代史。馬拉威歷史課本的撰寫方向深受殖民影響，對於後殖民時代的社會動盪、戰爭苦難及意識形態的塑造描寫地很「庶民」——閱讀先祖的日記是學習近代史的重要環節，人們得以從課本上理解英國人曾如何地剝削馬拉威的菸草業，但是學生仍無法真實親嘗這些在殖民者鞋印下掙扎求存的農民眼淚。

下課後，他突然說起他爸爸退休前，在警察局處理歐洲高加索人和本地人之間刑事案件的故事。他問我：「你覺得市裡的『白人』是不是還看不起馬拉威？」

「我建議你不要這麼想。還是你也遇上什麼事？」我猜他這個想法要不是愛國主義，就是祖上傷痕。「我只是覺得，如果英國人來馬拉威，看到馬拉威警察的樂儀沿襲殖民的樣式，會不會嘲笑？警帽上的黑白格子就是英國設計。」他父親那方的男性長輩全部在警界任職，其中一個叔叔還擔任過局長。「英國人並沒有真正地離開，我們的生活依舊與殖民痕跡相伴。」

我告訴他：「如果英國沒有『參與』馬拉威的歷史，沒有人能假設發展會更好。從憲法到交通規劃，殖民政府留下的遺產仍然實用。」

「可是，獨立建國五十多年，我很納悶怎麼還是讓白人當老闆？馬拉威人幾乎享受不到好處。」我注意他的英文課本最末頁有面英國國旗，下方寫著一行字：「UK Aid. From the British people.」他知道我瞄到那句話。「馬拉威不缺人、不缺資源、不缺法律。獨立五十多年，課本印刷卻得求白人幫忙，想想讓人灰心。」

「你告訴我。」我闔上書。「你認為原因是什麼？」我想弄明白，什麼樣的教育使一個十七歲的男孩這麼思考？

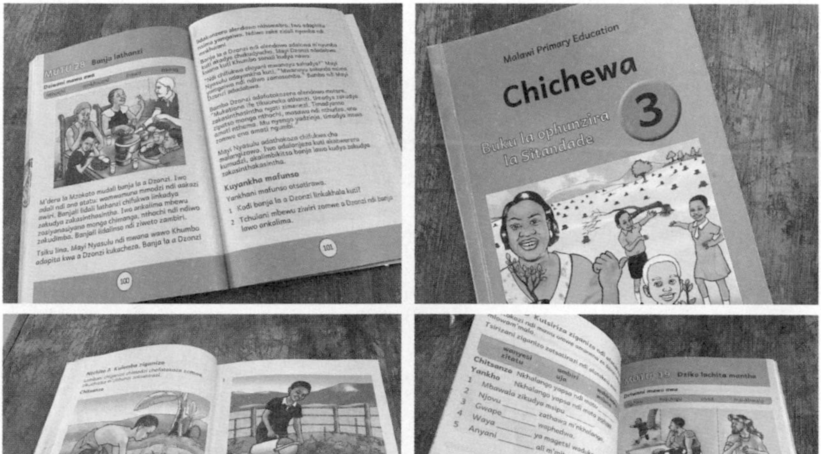

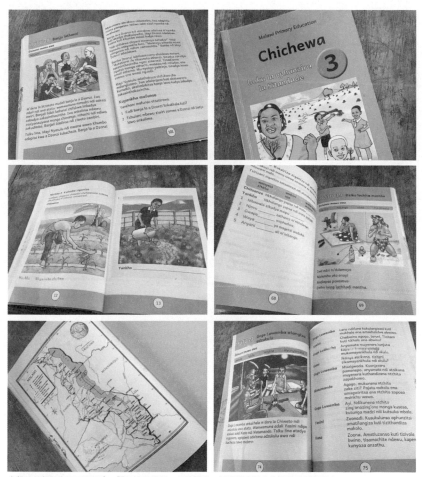

小學三年級的齊切瓦語課本，課文涵蓋農耕、部落習俗、巫術傳奇及白化症家庭等等內容。

在貧窮的社會裡，宗教的存在閃爍不滅。無論信它的人是富是窮，它為社稷追求安寧及穩定的需求上，提供了無可替換的協助。

天文望遠鏡

Njira ya mtanda

【月食】

二〇一九年七月十六日晚上全市停電，學校發動發電機，我趁機批改稍早指派的造句作業。不改沒事，一看感嘆童年不易。

「我得過一次瘧疾，發燒一整天，隔天睡醒就痊癒了。」

「表姐不但得下田收割馬鈴薯，還要照顧小孩，根本沒時間上學。」

「儘管常停電，姑姑依然要我們三兄弟找辦法寫作業。」這種心情我懂。

「哥哥中午離開學校，吃了一點玉米當午餐，騎著自行車到印度人的工廠工作，晚上七點摸黑回家。」這名學生又補充他哥哥遭遇搶劫，幸好腳力勤快，騎上自行車飛跑而逃。

「放假的時候，我常拿著鋤刀到後山砍雜草。」

另一個小孩寫道：「放假回家後，每週六要去隔壁村的歐洲井打水。」他意指歐盟的深井計劃。

「診所離家有二十分鐘的路程。叔叔有天患了氣喘，酋長差人送他去看病。距離太遠，差點死人。」

「雨季來臨的前晚，飛蟻特別多。牠們在燈管下四處爬著，小孩子喜歡撿起來吃。」

部落巫術舞蹈

「妹妹寧可去修道院當一輩子的修女，也不要嫁給一個不認識的鄰村男孩。」

「我希望未來搭上飛機去中國讀大學、去麥加朝聖、去西非找 Wizkid。」

語法偶現偏誤，內容駭目驚心。他們才小學七年級，平均年齡十三歲。什麼樣的童年記憶呈現什麼模樣的作業，每句話承載的百姓尋常反映真實的民情秩序。突然間，一群低年級的小孩興奮地衝進辦公室，嘻嘻笑笑。原來外邊夜空正在上演月全食，小學生稱之為「巫婆月」。走出學校，草原上沸沸揚揚，樂此不疲，全部聚集看月食。「老師，巫婆在天上施魔法。」

我蹲下來問他：「巫婆在哪裡？怎麼飛上去？」

「她變身成一隻貓頭鷹，翱翔監看。日出後，又變回一個老太婆。」貓頭鷹的形象很惡劣，與巫術的傳說脫不了關係。低年級小孩堅信每晚在後山啼叫的貓頭鷹是巫婆的化身，要來抓人回去作法。

隔天上午，昨晚那群孩子又跑來找我，說想了解月食的原理。我感到欣慰，書沒有白讀，好奇心不枉費。我從網頁上找了解說圖片，又從木櫃上取下地球儀，拿著一顆橘子開始演示。費盡唇舌十分鐘，眼神像禿鷹般地盯著橘子，我明白他們沒聽進去。

「我們想吃橘子。」

「下次月全食發生的時候，我再給你們吃吧。」

【望遠鏡】

朋友透過快遞送過來一組簡易型天文望遠鏡，剛好週末可以規劃一個時段讓學生看星星。陽春規格，

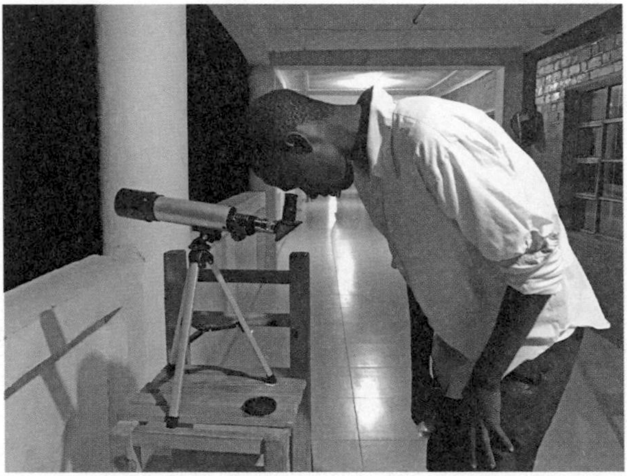

六十倍率，僅夠觀看太陽系，在此地綽綽有餘。組裝好，放置於辦公室外的走廊，下邊用垃圾桶墊高。天文望遠鏡前所未有，學生聞訊而來，爭相觀星。兔未起烏未沉，望遠鏡旁亂作一團，我當機立斷撤收所有物件，避免口角。冷靜幾天，試行預約制：週末開放二十個名額，每人五分鐘。數天後，比拉尼向我借取望遠鏡，我也樂意出借。

九月寒冬猛如虎，南極氣旋輾壓馬達加斯加暖氣團，挾持冰氣大軍北上。疾風知勁草，卻不知馬拉威的電網孱弱。數天吹搖，高壓電塔應聲倒塌，城市陷入熟悉的黑景。銀河絢麗霄漢，不可思議的閎壯透露無法言喻的恐怖。三個中學生平躺草原，感受微風草香，象牙色月光下談聲匿笑，我坐在旁邊聽著。單戀的激動、就業的憂鬱、成家的想像、酋長的期望、比賽的亢奮和打工的折挫，無一不談。青春期的心事，馬拉威人與其他民族相同。那份對人生的疑惑、憧憬及不安，竟是平等地擁有。「在部落，抬頭看星星是星星，沒想過其他事。」上次來辦公室看地圖的西班在一陣安靜中忽然說出這句話。我轉頭看他，棕黑臉龐讓月光

映得油亮。

有天比拉尼講述「光年」的概念，奇皮和代杰下課後來找我搞明白「光年」究竟能多寬廣。

我讓他們看一部十分鐘的天體對比動畫——依照尺寸比序排列，下方比例尺從數百公里延長至千萬公里，再擴張到數億光年，最後於一個巨大球體中結束，字幕寫著一百三十九億。

「宇宙是一顆球？怎麼來的？阿拉為何創造這顆球？球的外面是什麼？阿拉又怎麼來的？」

「盡是很古老的哲學問題，值得思考一輩子。若能探究它們，你們就是全球的獨一無二。」我說。

天狼星是最醒目的恆星，在毫無光害的夜空中格外明顯。色彩變化萬端，學生有天問起它。

「8.6光年。」iPad的Stellarium是天文利器。我拿出白紙，算下公式：300000×60×60×24×365×8.6。

「即使飛機以時速九百公里飛去，至少一千萬年才抵達得了。」

「老師，假若地球是一顆小石礫，太陽系多大？」

「大致等於整個非洲吧。假設石頭能走路，一百年後恐怕還走不出非洲。」

他們不發一語，移動滑鼠點擊影片，再觀看一次。

◆

「每顆星的距離，即使是光也不能在一年內到達。宇宙寬闊，阿拉創造的理由是什麼？」西班自問。

「不要揣測阿拉的想法，人的智慧無法比擬。」馬切反駁。

「每樣東西總有來由吧？你摸摸草地，聽聽外邊的蟲鳴。」西班又說。

我伸出右手比喻。「螞蟻究竟知不知道我們的存在？這點無法驗證，但是我們若把一隻手擋在行走的螞蟻面前，牠們先用觸角探索前方障礙，然後自行轉彎而去。牠能想像這雙手締造的飛機嗎？能學習觸控螢幕的原理嗎？牠能明白手主人所信仰的真神嗎？不，弄不懂，牠們的文明無法超越牠們自身。無論擋路的東西是手或者鞋子，這類無法超越的障礙就是宿命。為什麼？不曉得。」此時此刻，我們的心臟跳動著、腦細胞運作著、彼此嘴裡的語言承載大量文化記憶。只不過，這一切對於腳下的螞蟻沒有意義。

「人有沒有把握飛去太空看造物主？」代杰指著銀河。銀河中心的淡紫色星雲塵埃散發凶懼的震撼。「要多久才能飛抵黑紫色的那邊？」

「銀河很遠。假若把銀河縮成非洲的大小，地球就是草坪下的一粒小沙子，人和城市全部擠在這個一公釐不到的小沙子上面。」我說。三人笑了。

「哥哥會去哪？假若轉世存在，何嘗不是那片光暈？搞不好那方也有專屬的信仰。」西班又提起他的哥哥。他伸出左手遮住滿月，影子倒映眉宇間。他們眼力天生奧遠，看得見仙女座銀河系的粉紫色淡暈。每當他們接觸望遠鏡，時常嚷道要求欣賞。「老師，上次你說過：從地球到那座銀河的距離，用光的速度得跑上二百五十萬年。是不是？假若哥哥轉世到那邊，意味著我們永遠見不著面了。我再怎麼快，二百五十萬年後，我們也不曉得到哪去了。」

「可惜的是，人們的望遠鏡所發現的天體，從十到一百三十九億光年，沒發現任何生息。」我引述一句東方宗教的觀念：「中國有句話寫得好：『你我各自修行五百年，才獲得一次擦身而過的機緣。』一旦走過，又得再等上無盡的時間。我們能躺在草原上看夜空，得經過多少的歷練？」

「望向那座星系，阿拉眷顧我們和那邊的人。」他說。

上課期間，漢語教師常被中學生各種奇葩的問題打斷教學。比起漢語，外國老師對本地議題的看法更引人好奇。

「老師，你怎麼看待『Karma』？」

「老師，妳知道印度老闆常欺負馬拉威員工嗎？」

「我要學到什麼程度才可以到中國工作？」

「如果你的朋友是同性戀，你會不會打他？還是找警察？」

「無神論者有沒有道德感？」

「白人的社會這麼富裕，你們內心真正快樂嗎？」

月光襯托山稜輪廓，令人屏息。

「神是外星人嗎？」發問人八成是上週看了什麼科幻電影。

「老師，假設生而為人是上蒼恩賜，為什麼祂又默許世間饑荒、傷害頻傳？」

「你怎麼看待做人這回事？」我問馬切。

「我總相信這輩子來到這個空間當人，是種懲罰，不是恩惠。姑且不論上輩子是哪種時代的生物，肯定犯了錯，懲罰為人，體會人間的痛與苦。」

「為什麼這麼想？」

「踏出校門，答案在外。」他說。

我想到兩週後就是齋月。「明天放學後，我們去清真寺做禮拜吧。」

【朝聖】

布蘭太爾西部的山群有個當地人才知曉的地方，漢語譯名為「十字山」，原名是「Njira ya mtanda」，英文翻譯是「The Way of the Cross」，意指「通往十字的道路」。如同清真寺之於伊斯蘭教徒，十字山的地位在本地基督徒心中無比崇高，每到重大基督節日，必定滿山人海。登山口的步道串連山間脈稜，總長五公里，海拔沿著石路旁的十字架逐段升高。雖然山不高，但是馬拉威本身地處東非高原，基本海拔一千一百公尺起算。當人們沿著步道抵達終點的十字石像時，已經是二千米左右。

步道的十字架一共十五個，每個十字架旁邊設立一座銅牌，上面有敘述聖經故事的浮雕。沿途

看見不少信徒跪在銅牌浮雕前誦念，又是坐在巨石上眺望高原城景。這番景象使人聯想到馬太福音的「山上聖訓」。浮雕上刻畫的故事正是「耶穌受難記」，入口處第一座浮雕是耶穌被定罪的段落。浮雕裡，耶穌背著十字架流血走動、人們跪地嚎啕；再者，遭人鞭打、拳打腳踢、亂石打擊。一路上坡險岩硬，兩旁樹叢曲折彎奇。晴日之下，暖風吹拂，鷹群嚎鳴。隨著浮雕故事的進展，人們辛苦地登頂之時，第十五座浮雕的情節恰好是耶穌復活的剎那。耶穌替人們贖罪，朝聖者同樣眺望高原風光而心曠神怡。

此地宗教聖地，肅靜是必須。一對母女背對十字架，面朝風景靜坐默想；一名中年男子抱著聖經，跪在銅雕前低聲自語；一身服裝清雅的女子坐在帶來的棉毯上優雅地伸展雙腳，愜意寫生。巨像周邊置放眾多信徒所留下的信條，流暢又美麗的文字承載眾生的期望。紙上書寫了工作與生活，也包括心愛的寵物和家中老幼。碧天晴陽，石像的莊嚴肅穆由於山客的屏息凝視而偉碩；浮雕的聖經啟示因為教徒的虔敬奉獻而深厚。在貧窮的社會裡，宗教的存在閃爍不滅。無論信它的人是富是窮，它為社稷追求安寧及穩定的需求上，提供了無可替換的協助。

Republic of Malawi

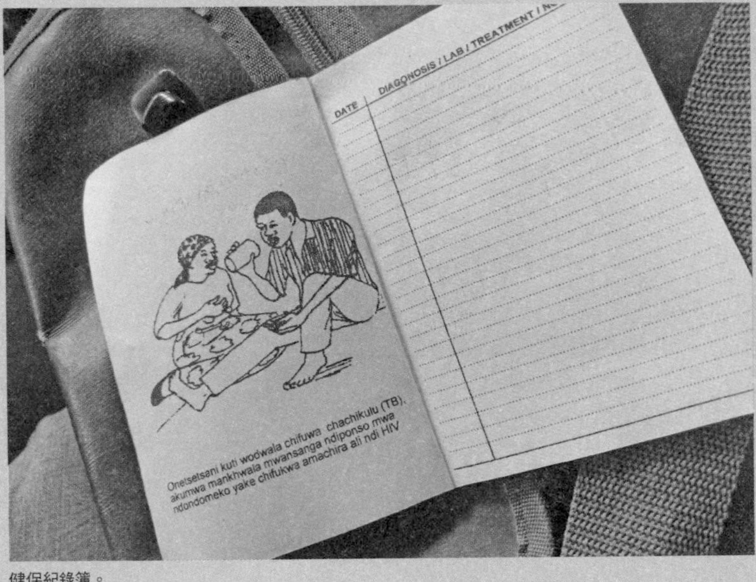

健保紀錄簿。

Chaputala 03

翻山越嶺，梯山航海
Chochitika

二月夏季的一天上午，有個中學生反映左腳異常疼痛，枸亞主任即刻開車送他去附近的公立醫院，花了一個小時等待及掛號才進診間。醫生判定是急性黴菌感染，再拖延一週恐截肢。國家醫保沒有健保卡，每人手持一本健保記錄簿，醫生將每次的看診紀錄寫在上頭。這本藍色的記錄本等於病歷資料，個人隨身攜帶，弄丟則重新記錄。醫生開了三種藥，藥房卻沒有庫存，除了止痛藥。我詢問藥師關於合作藥局的訊息，她倒聽不懂我的問題，主任解釋馬拉威醫療體系沒有這種設計，必須到私人診所或藥局自行購買，處方箋就寫在紀錄本。我們前往主任表弟開設的診所購買阿莫西林和其他藥丸，一共三千克瓦查，等於他四天的伙食費。

歐盟援建的公立醫院。

義診

Chipatala chaulere

【急診】

假期期間，學生常於遊樂之間受傷，學校提心吊膽。兩週的聖誕節暑假，學生不必返家，全校二百人續留於校園。平日有輔導課程，學生到校；週末自由，學生玩瘋。有個小女生攀爬木瓜樹，想摘木瓜吃，結果沒抓牢，從五公尺高的樹頂上摔得不醒人事，女孩們嚇得高聲尖叫。護士瑰碧當機立斷通知醫院。「我擔心顱內出血。」她從櫃子裡翻找健保簿。

「醫院說所有的救護車全部出勤，要我們自己開車把病人送去。」校長祕書朱迪斯在草原對著辦公室大喊。本地老師不住校，假日返家，恰好行政人員不是休假就是旅遊，剩下幾名外國老師和卡本留守校園。「我去開車。」孟菲修女開出休旅車，沈老師與瑰碧把學生合力抬進後座，關上車門立刻出發。聖誕假期治安險惡、竊案頻傳，酒後糾紛繁起，醫院忙成一團。停車場客滿，我們先下車，護士抱著昏厥的女孩向急診拔步。修女開車回校，等候電話通知再來接回。路邊停車等候？

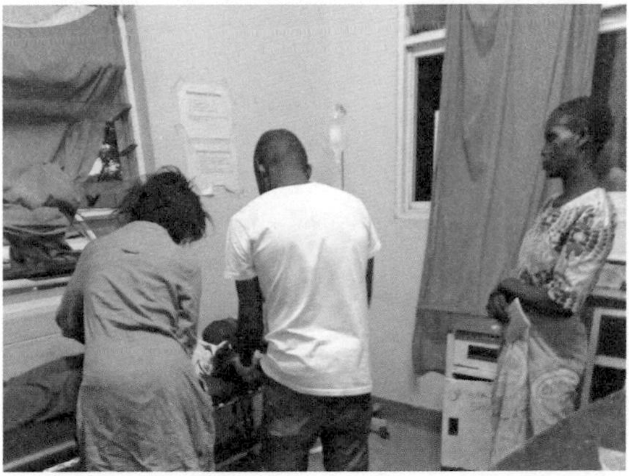

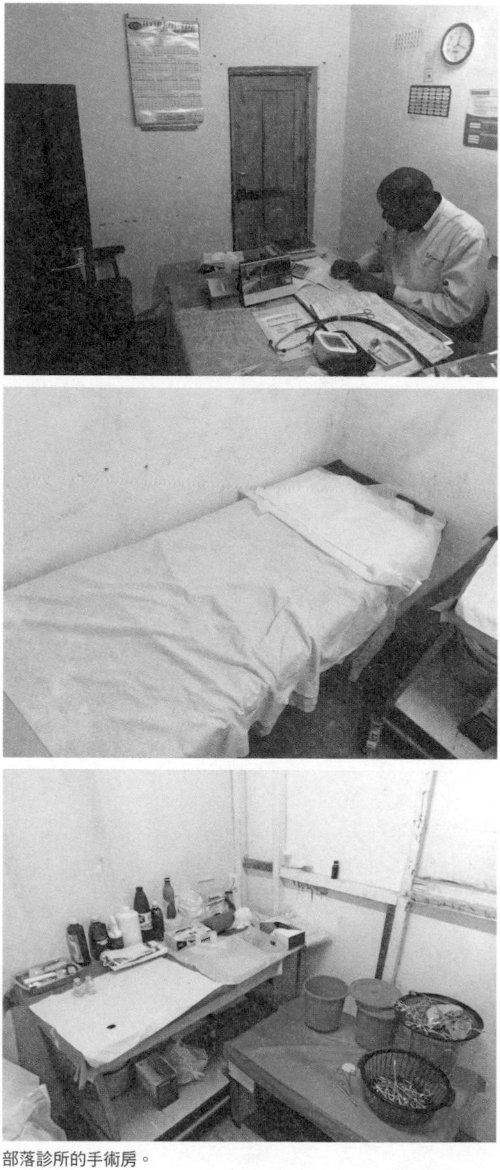
部落診所的手術房。

絕對不可取。黃昏迫近，又是假期，路邊停車無非招來血光之災。

急診處塞滿傷民，哀鴻遍野。假日不需工作，居民夜晚聚集酒吧，喝多鬧事，頭頂掛彩。忽然，兩輛警車急剎停駐，七名警察拽著三個被打得不成樣的男人進來。我們見他們鼻孔耳朵滲血，手銬已看不出原本的光銀色。「院長來了，後面兩人是醫院最好的外科醫師。」瑰碧在我們身邊輕說。

撇頭看望走廊另一邊，三個氣質非凡的白袍大漢邁步走前。院長掃視三人傷勢，點頭示意請警察帶人進診。

「三人被打得慘厲，只因為喝醉酒？」我小聲問。

「不是醉漢，是小偷。」她說。「你還不懂齊切瓦語。剛剛車上廣播提到，警察在肯德基外邊發現三個偷車賊，被車主擒得正著，大夥合力揍了一頓。」此刻我注意到診間醫生們身穿的白袍並不白淨，隱隱約約透發髒汙的灰黃色，袍下雙腳還穿著涼鞋。忽然護士高呼，原來是昏迷不醒的女學生張開眼睛，有意識地坐起身看望周遭。一名男子全身便服拖鞋，愜意漫步而來。「請問這位男子是誰？」我問護士。「這是實習醫生。」她手拿病歷板，低頭記錄看診經過。我不好意思繼續問下去，瑰碧看出我的疑慮，悄悄走到耳邊說句：「資源不足。」

【義診】

東歐醫療團是學校的特約醫療機構，駐紮里郎威二十餘年。團長薩曼達女士是匈牙利人，常來訪學校進行衛教。耶誕節假期結束的隔天，團長來校舉行月度會議，外國老師一同出席。團長表示市

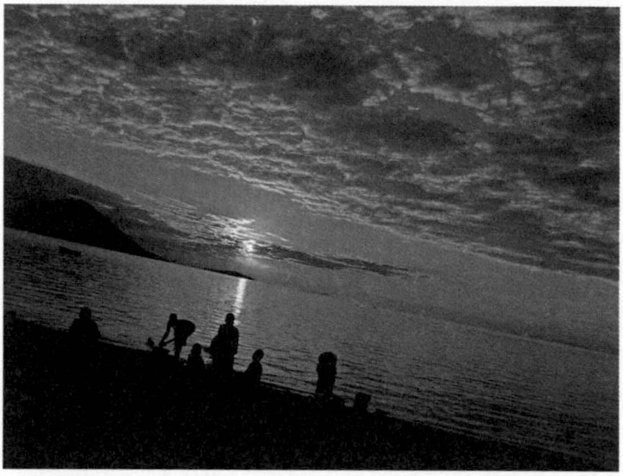

政府提出義診的請求，團方已回覆意願。義診時間訂在四月復活節假期，計劃為期一週，地點位處偏僻的湖邊鄉野。當地原住民不懂齊切瓦語，需要數名精通當地語言的本地人支援，副校長派任來自該區域的校醫烏雷木參與。

出發前三個月，醫療團派遣專門小組進行場勘——根據部落的需求以及醫療團的條件，再整合該地區的病症分布及醫療負荷，最終計算所需的人員、器具和藥品數量。首都醫院及醫療團本身就有足夠的資源量能，不足的部分則跟世界衛生組織駐馬拉威的辦公室提出，最下策才是向海關報備進口（免不了官員敲詐）。首都醫院及醫療團決定聯合出診八位醫生，涵蓋了耳鼻喉科、骨科以及眼科、牙科與皮膚科等等專科。

一九七七年落成的首都醫院（Kamuzu Central Hospital）由丹麥政府出資援建，是中部最好的公立醫院，卻不是全國最好。馬拉威最優等的醫院是女王二世醫院（Queen Elizabeth II

Hospital），位於布蘭太爾，由英國醫療團與馬拉威衛健部共同經營。截至二〇二一年十二月，全國登記立案的公立醫院有四十五所，私立醫院二十一所。公立醫院規模不一，經費受控於政府，可惜國家財政枯窘，健保項目涵蓋寡少。即便政府實施免費健保（包括免費住院），地方公立醫院的水平依然有限，誤診狀況比比皆然，藥品不全見怪不怪。私立醫院設備好、藥品足且醫師素養高，公立醫院內不乏有員工趨之若鶩，醫療貧富顯見於此。

義診地點在馬拉威湖畔村莊歐奈尼（Onaini），車程四個小時。車隊凌晨五點出發，每輛車發配三部對講機保持聯繫。一路上顛簸不堪，箱型車抖得厲害，不時回頭看望後車廂的藥水瓶，深怕不注意，來個倒翻就枉費這些救人東西。四月中旬雨季末端，最後一波鋒面於昨夜飛抵莫三比克海岸。小雨紛紛，陰雲低沉，帶水的黃泥被輪胎擠得揚天肆濺。市集小販架起手縫雨棚，擋起了雨勢亦撐起了生計。離開首都，走進鄉間，所見一切是真實的馬拉威。

抵達之時，雨雲放晴，熱陽接手，強光毒照。部落酋長早在幾週前由當地兒福部官員告知義診的消息。車隊在村

民熱情的簇圍之下駛進。車子停放好，取下鑰匙卻出不去，村民激動得把車門壓得緊閭，玻璃上全是臉頰油痕。我們頓時像個動物園的稀罕生物，讓滿懷好奇的面孔驚奇注視。地方醫院院長和大家打聲招呼，理解居民的現狀後即開始義診工作。工作地方就在本地醫院的一個五十平方公尺大小的川堂，院長稱之為「候診室」。我環顧四周，心裡驚慌。「哪裡像醫院？什麼都沒有。」

正如「家徒四壁」，川堂內僅有一張木桌（上面放了聽診器和幾本病例筆記本）與數把破損的塑膠椅；後方牆壁嵌著木櫃，藥罐子積累灰塵。身高測量儀、體重計與血壓計等等器材匱缺，更甭談論掛號領藥作業，一切程序盡在這個大房間搞定。一扇木門連接室內室外，牆壁四周各有一扇窗戶，有鐵架沒有玻璃。大夥從貨車搬下組合桌，由右至左排列成馬蹄形。入口處讓部落醫院的護士問訊，再依照病患的需要引導至相關診部。兩個門診共用一張長桌，醫生們掛起布幔，擺放好看診用品準備看診。聽聞有醫生出診，全村大大小小奔來排隊，無論健康與否，只要自我感覺微恙就來。房間內秩序井然，房外喧鬧沖天，婆婆媽媽們坐在草蓆上話家常。馬拉威人喜愛熱鬧，哪裡聚集人群，哪裡聽得見快樂。

不論是抱著嬰兒的婦女或傴僂行走的老年人，人們走到看診桌前雙膝跪下。醫生求他們別如此客氣，村民倒堅持傳統。階層觀念濃厚，面對長輩和地位崇高者行跪禮是基本禮儀。男人單跪，女人雙跪。面對純樸的村民，醫生問診謹慎。偶爾情況下，眼前的村民並非真實生病。一是純粹湊熱鬧，二是聽信謠言——以為外國醫學是萬靈丹，一千治萬病。多數反映身體不適的民眾，通常是缺乏足夠的營養及維生素所造成，例如夜盲症。倘若發現白內障患者，醫療團通報當地衛生部門以進行後續醫療。

能吃藥解決的病不麻煩，需要開刀的病症則密切注意。白內障與惡性腫瘤等同「絕症」，除非家財萬貫，否則唯有放任一途。部落醫院沒有技術應付，百姓更沒錢驅車前往城市治療。因此，義診團的來訪對於那些患有重疾的居民來說是喜悅的美事。每日義診結束後，醫療團的醫生仍要隨著酋長的腳步深入土房草屋間，探訪難以行走並急需就醫的病人。

【瘟疫】

頭癬是湖邊村莊常見的皮膚疾病，傳染力極廣。家人與患者同住同吃，難擋染菌上身。在初期階段，受感染的區域會出現搔癢的紅斑；中期長膿掉髮，再置之不理的結果會是不可根治的毛囊損害。這種病又很容易復發，舊疾復萌並非藥膏所能應付，必須連續吃藥數月直至痊癒。護理師遵從醫師吩咐，將藥片分類裝袋，烏雷木則在藥袋上用當地語言Chitumbuka 書寫服用方式。義診結束後，這些病歷紀錄會交接給部落醫院，以便居民回診治療。只不過，很多頭癬的病患苦於搔癢難耐，抓破頭皮造成傷口感染。傷口未癒合，又下水游泳、捕魚，湖裡的寄生蟲趁虛而入，引起新的病症。

下訪部落的外國人幾乎都遇過一道難題：上部落的茅草廁所——底下挖坑，四周竹籬笆圍成一道高牆，只留一條窄道出路，這種黃蠟蠟的枯竹撐起來的角落稱為廁所。若非三急焚身，基本上能不去就不去。戶主若手邊有點閒錢，絕對不假思索請人砌磚升級，坑洞兩邊順道造兩個凸起的水泥塊作為蹲腳墊，避免弄髒裙襬褲管。十一月至四月雨季期間，日均降雨量媲美中度颱風，城區不擔心廁所淹水。相反地，鄉下地方沒那麼如意。暴漲的溪水淹沒玉米田與房舍，廁所連同遭殃，大麻煩自此擴散。糞坑積水，不敵衝擊而潰堤，大量穢物重見天日，順著水流匯入井道。雨後，村落居民提桶舀水飲用，霍亂立即散播開來，對於仰賴勞動農務的鄉野村落而言是打擊生存的災難。不諳原因的居民堅信鬼魅作祟，巫術信仰順勢再起，接二連三的抗爭在醫療團眼裡是關關艱辛的考驗。

一口井的戰爭
Nkhondo yamadzi

偏遠地帶的水資源極度珍貴，洗澡是奢侈行為。成年人一週平均洗三次澡。洗澡前，先從湖邊打水回家，用小碗把四肢和頭淋溼後，再用肥皂簡單刷洗，最後舀水沖去泡沫。剩下的水用於煮飯、洗衣及飲用，寄生蟲就這樣被喝進肚裡。

【井】

一天傍晚，酋長領著一個年輕男子進來診間並吩咐他雙跪行禮。「他叫哈敏，弟弟阿葉卡這幾天病得很凶，很虛弱，快死了。請幫助他們兄弟倆。」

「住在哪裡？我們派人過去。」團長指派團隊帶上設備，快快隨著酋長走進部落深處。男子跑得很快，後方人群盡力跟上。唰唰穿過片片鬱密叢木，拐過無數間低矮草屋，看見一片湖潭景色才停下。哈敏轉身朝向我們，喘得說不上話，左手伸向一間牆壁破陋的土房：「我家。」房屋裡光線昏暗，灰塵刺鼻，沒有窗戶供日光照射也沒有電燈照明。房外地上烏黑的鍋碗匙盆是這戶人家全天吃飯的工具。三個房間沒有磁磚，土房下面墊高的厚泥層是地板。病人躺在草蓆上，模樣虛弱。

「平常喝哪裡的水？狀況很危急。」烏雷木蹲下來檢查病情，眼神冷凝。阿葉卡的肚子脹得很

大，皮膚上的血管被擠壓得好似隨時爆彈出來，其他部分竟瘦骨如柴，面黃肌瘦，形狀可憐。「湖水。」哈敏意指外邊五百公尺波光粼粼的馬拉威湖，東非第三大湖泊。醫生戴上聽診器細聽病人胸腔，氣若游絲。「你們習慣煮水再喝嗎？」醫生再問，雖然大家明白湖邊居民不煮水，直接舀來喝，湖裡有什麼要命的蟲根本不知曉。

「沒有。」他說。「你弟弟病了多久？」波蘭醫生問道。「估計一週。」護士注意到阿葉卡左後背有道傷口，貌似不淺。「稍微往右邊推，讓他側躺。」醫生和護士合力推起病人，好看清楚傷勢。一道很長的刀傷從背部左上方劃向右大腿上部，眾人驚呼。烏雷木睜大眼睛：「這是怎麼一回事？」

「上個星期二，他到一個內陸部落打水。聽說日本人鑿了一口地下水井，水質很好，想去打些回

來。」哈敏頓時語塞，此情此景嚇得讓他不能回憶描述。烏雷木見狀，連忙拉著他到戶外去，用本地話詢問始末。過了三分鐘，再進來告訴我們：「阿葉卡到別的村子打水，可是當地居民不讓他接近那口井。村民認為這口井是部落財產，只許自己人飲用，外地人喝不得。」

「為了井水而戰爭的地方多不勝數。」酋長說話。

阿葉卡不同意村民的說法，堅持井水是公用財產。雙方爭執起來，拼搏之中被砍了一刀，血瀝瀝流一地。巫醫把他抬進當地酋長家裡，醫治幾天再吩咐人抬回去。醫生指著門外草蓆的小魚乾問道：「你弟弟的工作是什麼？他常去湖裡打魚嗎？」一堆堆小魚乾被日光曬得腥氣沖天，蒼蠅亂飛，不是很討喜的畫面。

「他是漁夫。早上下水撒網，傍晚由我帶去市場販賣。」

「他在那個部落躺了多久？巫醫怎麼治他？」烏雷木問。

「上週六被人送回來，當時還能走路。巫醫來自Dwangwa，不知怎麼治他的。」

「回來之後，多久開始下水捕魚？」

「休息一下午，隔天工作。」

「傷口還沒痊癒！怎麼不休息幾天，直接下水捕魚了？」醫生嘆口氣。

「不捕魚賣錢，我們怎麼過日子？」哈敏的眼神充滿不悅，捕魚的活兒是兄弟倆的生計來源。雙親不在人世，兩人自力更生。弟弟捕魚，哥哥賣錢，十年來一如既往。醫生談論一會，哈敏見狀更恐慌。「弟弟怎麼了？能救起來嗎？」他顯露的不安足以扳倒外面湖畔的椰子樹。

「你弟弟下水捕魚前，刀傷尚未痊癒，傷口感染發炎。他必須到醫院接受更妥善的治療，順便檢查體內可能入侵的寄生蟲。」

【肝吸蟲】

「肝吸蟲？」我問。十天後的回程路上，夕陽幾近消弭，金星的明輝閃耀。氣溫降得很低，路

旁乾地從平常的黃褐色變成陌生的淡紫色，綠樹紅花化成黑影，既死寂又神祕。車窗外風吹得強烈，猛嘯聲叫得極為淒厲。烏雷木坐在副駕駛的位置，訴說當時的情況。「馬拉威湖有種寄生蟲叫做『肝吸蟲』，若讓牠從口鼻或傷口鑽入人體，後果幾乎無法根治。這種寄生蟲寄生在膽囊周邊，吸食膽汁為生。牠會分泌一種毒液，促發『肝硬化』、『黃疸』和『腹部浮腫』的症狀，很難治療。」

我聽得膽顫心驚。

「那個年輕人是個漁夫。每天既是下水又吃湖裡的魚，體內寄生不少蟲，首都醫院會仔細檢查。他背後的那道刀傷不小，巫醫的治療根本是胡鬧。他一下水，加速感染。你也曉得這次的義診區域很貧困，人民營養不好、抵抗力壞。一

旦感染發炎，結局無法想像。」最後一點陽光消失於地平線，黃燦燦一片終究逝去，取代而之的是銀河美景。「馬拉威湖天然純淨，不受開發與汙染。或許，擁有寄生蟲的湖泊才是真正的自然吧？」

阿葉卡在首都醫院住了兩個月，病情好轉後由醫療團派遣專車送他回鄉。自從見過腹腔的X光片之後，他決定放棄捕魚的工作，到印度人開設的木材工廠擔任鋸木工人。「一捆捆紮好的木頭再怎麼摸，也不會摸出寄生蟲跑進肚子吧。」他在信裡寫道。

禿鷹獄

Chikondi choletsedwa

故事記述於二〇一七年八月，由醫療團轉述。

【車禍】

那天早晨山上起霧，寒流正襲，氣溫凍骨。中部城鎮代札（Dədza）發生一場車禍——兩輛汽車沒開啟遠光燈，霧中對撞。公立醫院沒有能力施救骨折的病患，緊急求助醫療團。抵達前，一名駕駛由於嚴重內出血而當場死亡；另一名上半身多處重傷，右小腿骨折，護理人員緊急處理傷勢。手術進行三個小時，玻璃碎片佈滿手臂和腹部，幸好沒有刺破主要血管，難中大幸。

「醫生，我的兒子怎麼樣？能康復嗎？」駕駛父親問道。

「手術進行得好，得靜養幾週。」醫生以為家屬轉憂成喜，殊不知迎來更尷尬的氣氛。十秒靜默，父親左顧右盼，雙眸透見一股難以言喻的哀愁，是種想掌控卻不由己的困窘。「我有個請求。」這位父親把話吐得很慢很輕，好似怕人聽見，願望會醒。「我的兒子被人下蠱，心思紊亂，愛上了男人。你有沒有辦法『治療』他？」

「對不起？什麼？」醫生瞪大眼睛，不敢相信聽見的每字每句。「治療什麼？」他表現地有點失禮，父親面露不耐煩。「今年二十三歲，沒交過女朋友，以為只是忙於工作。幾天前，村裡人發現他愛上一個男人。」

「醫生。」哥哥接著說。「我爸爸認為弟弟被人下咒、迷惑心思，執著阿拉不悅的事。」哥哥語氣充滿堅定，醫生明白他們信得深。事實上，他覺得荒謬沖天，卻得把話藏在心裡。這裡是個連吃都成問題的鄉村，人民的思考層次尚無法接受同性戀的觀念。「我們可以治好他的傷口，但是『沒辦法』治療他的性向。這不是疾病，而且——」

「不是疾病？」父親拍桌吼叫，所有人嚇

著。「不是疾病？你真是醫生？還是根本不懂怎麼治療？」全體噤聲，父親額頭上的靜脈血管繃得清晰。

「不是疾病的人體現象，何來治癒之說？」醫生心裡縈繞這句話，沒講出口。

「你們白人總說我兒子這幅德行不是疾病。你們不是基督的子民嗎？為何說著謊言違背上帝呢？當真沒有治癒的藥？」父親沒聽懂意思，或者拒絕理解醫生的想法。

「爸爸。」大兒子站起來說話。「我們走吧。白人不會幫忙的，繼續待著是浪費時間。」

病患狀況穩定之後，醫療團將照護工作交接給當地醫院。回去首都，大家早已忘記這對父子。十月中旬，醫療團派遣三位醫師來訪探望一位國會議員的母親。本地醫師一見我們，前來招呼並訴說那名駕駛的事情。原來這對父子又前來醫院向本地醫生尋求幫助，醫院給了一些藥並謊稱是治療性向的用途。

「你是醫生啊！秉著專業救人！你的專業呢？居然說謊？拿了什麼藥給他吃？」東歐醫生不在乎本地醫生怎麼看待病人家屬，只在乎醫生的格調。

「維他命，就只是維他命。」本地醫師冷靜說著。「如果我不騙他們，你曉得會有什麼後果嗎？我也是『救人』！」

「什麼後果？怎麼救他？」

【禿鷹】

北部有個邊境部落發生過類似的案件。某年夏天黑夜，有位男校中學生被族人發現他與同班同學在樹林接吻。一群壯漢持著手電筒謾罵踹打，兩個男孩嚇得又求饒又哭喊。隔天清晨雙雙癱倒路邊，身受刀傷與挫傷，上空數隻禿鷹盤旋，路人報警求救。住院期間，姑姑是唯一探望他的親人，他的家人拒絕支付醫療費用亦否認家庭關係。「兩人離院之後，男孩的一位遠房親戚開車接他回去。聽說他一下車，馬上被堂哥撂來的流氓捆綁起來，扛給巫醫『治療』去了。一下喝藥、一下捶打腳踢，還找了娼妓，說這樣才能完全地『導正』過來。他受不了，回家的第四天晚上，拿了條棕櫚繩在芒果園上吊自殺。」他的同學在遠方家鄉聽得噩耗，錐心泣血。一顆流星忽然乍現而走，閉上眼睛祈禱，渴求原諒。

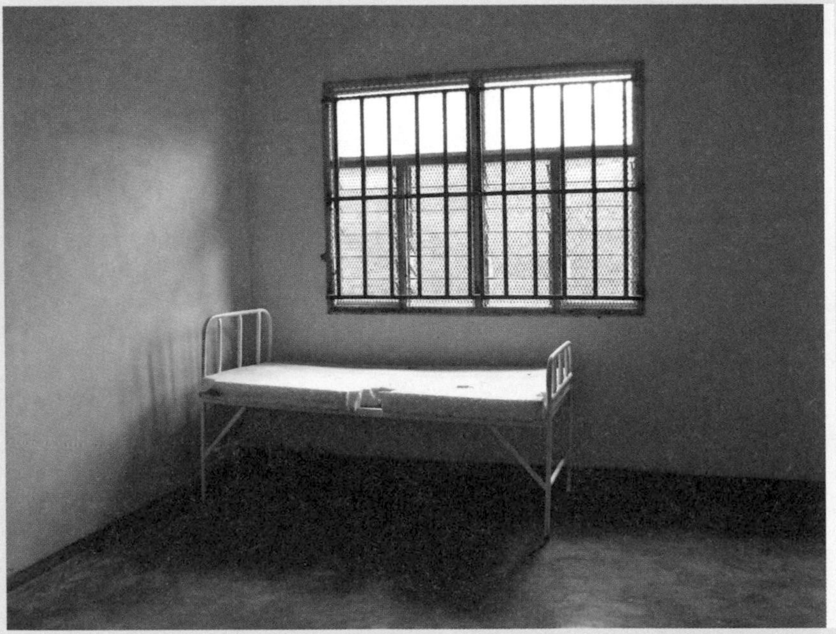

巫亂
Matsenga

亦是醫療團轉述的故事，發生於北部大城姆祖祖（Mzuzu）。

【鎮靜】

有個青年由於先天性營養不良，阻礙腦部神經發育，導致認知反應在成長規程中產生偏移。智商沒有問題，數理邏輯與語言表達正常，呈現錯亂的區域是情緒區塊。身處密集人群的互動場合，過大壓力及不安刺激大腦。輕者胡言亂語、舉止偏激，重者歇斯底里、癲癇發作。不論課堂還是戶外活動，學校很注意他的狀況。有天英文課，他突然大吼喊道沒人聽得懂的言語，同學嚇得逃離教室，學校讓人迅速駕車送去醫院。隔天下午，病情惡化，不定抽搐又軟弱無力。校方不放心，指派兩名校護陪診。當晚病情加重起來，歇斯底里打人，又吼又狂，

醫院凌晨不平靜。看護被打得鼻青臉腫，其他病房家屬和醫護人員將他強壓床上並用皮帶綁定四肢，打了鎮定劑才睡著。

醫生初步判定為「Psychosis」，具體細節仍需觀察至少半年，校方納悶此病何來。幾個月前，這個學生反映過失眠的問題，導師還提及他有些不修邊幅的狀況。醫生表示這些情形都是初期徵兆，成長期營養不足導致神經傳導物質不平衡是原因之一，需要吃藥抑制病情並住院觀察。吃藥可以，住院費用昂貴無比，家長請求學校將他轉診到市立精神病院。

醫療團搭上校護的車去探訪，差點被院內彷彿末日電視劇的布景嚇得失神：牆壁斑駁殘破、紗窗無人修繕、蚊帳七孔八洞、床單髒汙慘不忍睹、浴室衛生慘絕人寰。校護拍照回報上層，堅持這所精神病院不是養病的地方。病床上的海綿被撕得宛如老鼠啃過，更不指望這裡能夠維持什麼好管理。校護徘徊走廊等著回覆，正在草坪玩耍的病人們張著眼睛圍繞大夥兒打轉。一個平頭瘦長的男孩伸出左手與我們相握，持續五分鐘仍不願放手，傻笑念著聽不懂的話語。長官回電表示隔天會派人安排新去處，大家望向夕陽斜照的原野公路，大鬆一口氣。

【色盲】

學校送他返鄉並協助轉學，醫療團也安排專業人員進行輔導工作。這種現象，部落居民總說是一種巫術表現，必須找巫師解咒，沒辦法仰賴藥物治療——有人見不得別人好，就找巫師施法。「被詛咒的人，他的新生兒注定異於常人。我的姑姑打從出生就分不清藍色與黃色，長老說她家被下咒，外人最好遠離。」一位村民說著。我們的醫生解釋那是一種名為「色盲」的遺傳變異，她當然不相信科學的解釋。「變異？為何挑上她？比如瘧疾，一群人每天睡在同個房間，為何就只有這個人被蚊子叮咬？」

「妳應該先去求證，瞧瞧患者有沒有掛蚊帳的習慣。」醫生答道。「如果睡前沒關好紗窗，蚊帳也不掛緊，當然會被蚊子叮上了。」

衛生局發放血吸蟲（Bilharzia）驅蟲藥「吡喹酮」（Praziquantel）予多所學校。這次的投藥措施具強制性，但是殺蟲效果強烈，學生昏昏欲睡，教育局宣布全國下午停課。血吸蟲病是盛行率僅次於瘧疾的病原蟲疾病。醫療團告訴我們其原先是獸醫用藥，改良成分轉為人體用藥，劑量很重。

巫騙
Amanyenga

【贓物】

總統選舉臨近，奇奇怪怪的事件隨著造勢晚會而日益增多。美國老師凱琳先前在尚比亞任教的一所天主教寄宿學校發生過一件曲折的故事。

週一早上，舍監發現三個男孩失蹤，恰巧警察局來電，說警方昨晚拘留三個男學生並要求校方贖回。週六傍晚，一個陌生男子趁著晚餐時間翻牆進來，拿了一百克瓦查賄賂警衛並指使他趁夜招攬中學生到校園最偏僻的樹叢之地會面。「性子越單純越好，容易上當。」那名男子對警衛說。這個男子自稱巫師，擁有法力解決各種疑難雜症，例如下蠱報復、施法變取考卷答案（他最好拿得出來ＰＤＦ電子檔）、變出鈔票等等。聽人胡謅，更胡扯的是被騙的人堅信不移。這位「精通巫術」的神祕人物宛如天使，所言字句格外悅耳。不過，享受之前必須付出——他們若想讓巫師幫忙，就得在指定的

總統競選期間的政黨旗幟。馬拉威是總統制國家，任期五年，可以參選連任一次。黨徽象徵一隻黑公雞的國會黨是建國政黨。二〇二〇年六月總統補選中贏得選舉，在野二十六年後重返執政。

時間到指定的房子上交指定的物品（公物、財物或手機等等）。作為回報，他不僅會施法，還會教導一點簡易巫術當作回饋。

這仨不疑有他，騙話成了美畫。三個小犢受騙。週日午餐時間一結束，三人穿越外圍山坡地的玉米園，連跑帶飛地翻越圍牆跑向隔壁村落，手裡緊握著從宿舍偷來的手機和零錢。他們低調走過市集，悄悄溜進約定好的房子，把贓品倒攤桌上並催促男子作法。男子示意他們到另一個小房間，地上立放著十二根點燃的白蠟燭，圓圈中間用粉筆畫了一道看似咒語的圖騰，整體布置煞有其事。他盤腿坐下低聲念咒，忽然抬頭聲稱忘記法器，立刻起身走出門外消失人群中，贓物亦一同騙走。

一名婦女走過那棟土屋，撇見土牆上的窗戶摻出若隱若現的蠟蠋光。大白天的屋子，窗簾後邊點著蠟燭，很奇怪。婦女直覺是巫師作法，徑自推門進去，見到三個年輕人手牽手呆坐在蠟燭與巫毒圖騰之間，嚇得跑出來大喊：「巫師作法啦！巫師害人啦！」喊得好似見了撒旦化身，呲牙裂嘴的

那種。市集村民聽見她的喊叫，拿起鐵棍棒槌衝上前去把他們揍得落花流水。「年輕人不讀書，成天搞什麼魔法？你們拿了誰的錢？施法害誰？」酋長以為他們要謀害這個區的議員候選人。

警察對空鳴槍、驅散暴民並逮捕審問。法律不承認巫術，村民的詛咒指控毫無證據支持，最後只拘禁三人一晚。按照法律，贖金有公定價，然而局長知曉學校有錢，開口價碼高出許多。講價嗎？這裡不是市場。價碼談不攏，頂多攤販不買賣，警察局並非如此——他們的籌碼是更久的牢獄及更難看的贖金。身處無法治的社會，待人處世得以流氓的角度揣摩，乃生存之道。「選舉日來臨，牛鬼蛇神全跑出來，開票之後必定暴動好幾週。」她坐上計程車，看著窗外的選舉布條嘆氣。

老人池
Dziwe la Nkhalamba

馬拉威最高山姆蘭傑山（Mulanje Mountain）不僅作為旅遊勝地及茶園景點，當地人還視為山靈聖地，魑魅傳說不絕於耳。本名「Mulanje」是後取之名，百年前的班圖人原本稱之為「Sapitwa」，意為「閒人勿近」。傳說入山人迷失方向，只要抵達一座擁有小瀑布的湖泊並於周邊等待，湖邊的一顆的大石上必會莫名騰空出現一碗蘸著菜餚的玉米糊和新鮮水果。入山人必須安靜地走去坐下享用，不得遺留任何食渣。飯後任何事都不必做，物歸原位、悄聲無息地走離，僅能聽得瀑布滂沱。不久後，這個迷路人將順遂地走出山林，踏上回家的原路。不過，他至死之前萬萬不得將這段經歷洩露出去，即便是妻小也不可以。否則，山靈必定徹夜取他的命。（另一個說法是整個人忽然憑空消失）

同樣地，入山人亦能準備飯菜放於大石上以祭祀山靈，然而山靈僅限於無人的時候才現身，一旦遭人偷窺必立刻消失。擺放好飯菜後，入山人隨即離開湖邊，稍微花點時間四處漫走。回來後，或能發現洗淨的餐具整齊地堆疊放置。傳聞山靈是一個身穿白袍的駝背老人，不喜歡人煙稠密的場所。入山的人數只能一位，才有機會感受山靈的蹤跡。「Dziwe」意指「水池」，「Nkhalamba」是「老人」。今日的老人池馳名內外，訪客無數、人聲鼎沸，昔日神祕消失殆盡。外國人問起傳說真偽，當地居民一笑置之。

Republic of Malawi

Chaputala 04

鋼索道

Samalani

比起富庶國家的同齡人，馬拉威男孩子的歷練更殘酷，也越早體會社會冷暖。他們同樣有自己的夢想、計劃與目標，然而環境因素使得他們沒有太多選擇。即便是資源相對穩定的寄宿學校裡，青少年的現實性格偶爾也讓我們這些異邦人感到詫異。

旋里
Mwanza

【寒假】

游過河流，跨境莫三比克。後邊遠方連綿山脈看似矮小，實際上咫尺萬里。沒有碩大磅礡的瀑布，不見危險驚人的斷崖，綿延萬里的東非高原蜷曲於南部平原，保守安靜地宣告它的末梢、了結裂谷的壯麗。若不由當地人領路，外地人無法深入山區一覽部落風采。凌晨五點，微微和煦自高原東緣透出雲彩；冷冽十五度，山區的遙遠車程徐徐駛上泥濘之路。寒假完結，行政人員下鄉將學生從部落接回學校。

偏遠鄉村，青黃不接。家戶裝有玻璃窗戶者，實為富裕人家或酋長居所。鐵皮屋頂更彰顯地位非凡，後院砌磚圈養牛羊做買賣（或嫁妝）。卡車駛進村落，學生在村民的歡呼下，扛著行李上車。突

然，村民抬出桌椅並端上水果，隨車的行政人員下車，與酋長欣然坐下會談，我沒意識到情況。

「現在做啥？怎麼就地坐下談話？還有茶水伺候？」

「此行除了接回學生，還有收容新人的任務。」輔導主任解釋。

【收養法】

馬拉威有套獨有的部落收養制度：雙親一旦過世，名下無論領養或親生之未成年子女的二等親戚有義務撫養。倘若該親戚不在人世或無力撫養，三等及四等親戚接手。再不行，交由酋長收養。如果酋長無能為力，必須通報地方政府視察評估。通過評估者，政府將篩選附近區域的孤兒院或寄宿學校進行收容工作。接獲通知的收容機構不得拒絕收養，但是可以請求延緩（例如人數過多），或者政府另選其他機構。這種制度稱為「部落收養法」。多數學員曾有家庭變故的記憶，校內穩定的學習與飲食安排是難得的成長環境。新進的收容人普遍不識字，用餐規矩、電器使用和衣著談吐等等方面得由本地輔導老師從頭教起。九月開學，學生長高不少，過去所教知識亦忘卻大半，新挑戰伊始。

本地的蒸餾釀酒法。馬拉威生產甘蔗，人民常自釀甘蔗酒作為飲料。

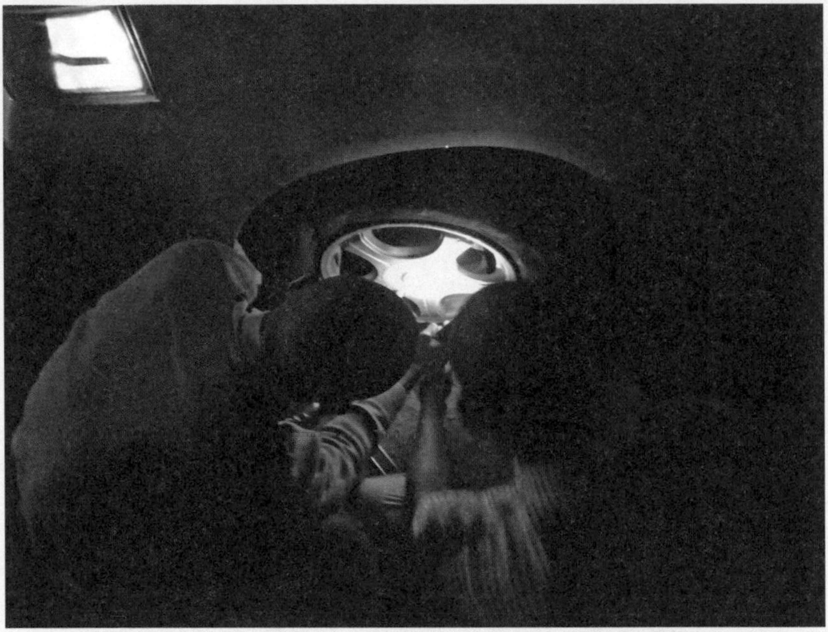

爆胎

Galimoto

駛離城市等同暫別電力文明，夜晚公路不設路燈，大漠之上僅見得來車的隱晦遠燈，是柏油長路的無聲嚮導。爆胎與拋錨，處理方式棘手。保險公司不提供荒野拖吊服務，更不可能報警求救。警察局沒有拖吊車，委託印度人經營的保全公司承擔拖吊業務。只不過，若真的打電話請求支援，拖吊車來回距離的汽油費用，足以為汽車額外添購四個新輪胎。馬共博老師尋來鄰近村莊的居民協助更換輪胎，竟然發現汽車配備的千斤頂早已故障，此外還在備胎胎皮上找著令人擔憂的風化裂痕。

手忙腳亂一陣，沈老師一邊閱讀車內存放的日文說明書，一邊指導村民拆換輪胎。兩人向當地人借用千斤頂，租借費用十分鐘五千克瓦查（約新臺幣一百八十元），擺明趁機揩油。學校司機殺價至五百克瓦查，對方不接受；再退一步，六百克瓦查，對方改價八百。你砍我擋，一來一往三分鐘，直至雙方商量出合宜的數字才肯出借。外國人天生背負富裕的原罪，本地生態得以窺探一二。生存於此地，除了提防華人，更要勇敢面對本地人的直爽貪欲。

薪俸
Malipiro

政府公告的中學教師薪資分為三類，所有教育機構按照法律給薪。

第一類：地方師訓機構出身的教師，最低月薪為十四萬克瓦查（約新台幣五千元）。家境貧窮的中學畢業生無力就讀師範大學，至少能選擇地方政府管理的師訓機構進修兩年，結訓並通過試教者即可至偏鄉地區教學。這類教師的素質參差不齊，本身所能選擇的學校條件也非常差。學校人數龐大，一班動輒近百人，資源匱乏與教學紊亂的壓力是城市教師無法想像的。

第二類：師範大學畢業且考取教師證書者，最低月俸為十七萬克瓦查（約新台幣六千元）。這類教師選擇城郊兩區任教，設備良善且學生素質較好。班級人數平均五十人，教學資源稍易準備，壓力單純。

第三類：政府財務挹注的重點學校教師。教師必須具備第二類教職的三年教學資歷才得以參加甄選，法定最低薪資超過二十萬克瓦查（約新台幣七千一百元）。通過國試及教育部督導面試的老師，由政府指定赴任地點。假設政府指派一位住在南部恩桑杰縣（N'sanje）的老師於一週內打包行囊前往九百公里遠的北部大城姆祖祖（Mzuzu），他只得放棄或同意，沒有藉口推託，政令責無旁貸。

歷史老師皮立獲知外國老師的薪資超乎本地教師薪水的數倍，揚言抗議。校方召開會議，邀請大家和談。本地教師們一改平日溫和，厲聲反映訴求。若非這次糾紛，我壓根不曉得學校支付本地

學校教室。香港心理輔導師 Trista 提供。

教師的月薪低於政府規定，平均所得僅十六萬克瓦查。本地老師認為學校設備精良齊全，辦學效果在中部首屈一指，薪資應當比起普通中學高一些。董事同意調薪至十七萬，若願意承接補課業務，額外加薪。

比拉尼希望他們的薪水能比照外國老師辦理，或者外國老師的薪水得合乎本地法律。校方回絕並闡釋主因：「外國老師來自加拿大、荷蘭、南非、韓國、中國與德國，這些國家的物價是馬拉威的三倍以上，而且他們還得繳交一些馬拉威沒有的保險與稅務。看似他們享受，事實上他們回國後所面對的生存壓力不比你們輕鬆。你們清楚這個要求是不合理的，外國老師終究得返回他們的社會過活。」

我們告訴比拉尼：「除了消費，我們的國家有很多稅制是馬拉威沒有的。不同的法律，就有不同的生活煩惱。」一整個下午，幾位外國老師和本地老師分享雙邊國家的生活壓力：遼寧郭老師的「五險一金」（大陸的健保和社保）、德國退休教授媞娜的統一稅和冬季暖氣費、新加坡志願者紋晶的車牌競標經驗、凱琳在底特律的私人健保以及保險公司跟醫院殺價的故事等等（結膜炎的看診費從七百美元砍到二百五十美元）。不一樣的發展進程，造就相異的社會面貌，創造千秋的人生軌道。

「臺灣的物價，究竟多貴？」物理老師戴森問道。

「一般超市販賣的奶油麵包至少二十元，約五百九十克瓦查。一根烤玉米六十元，約一千七百克瓦查。上述兩樣，前者在馬拉威只要一百，後者更僅需五十。你算算，在臺灣買一根烤玉米的價錢，在馬拉威恰好能買足一個班級的早餐。」

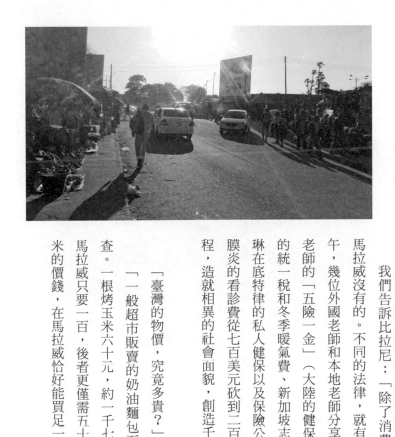

警察

Apolisi

警察有權設立檢查哨，隨機臨檢車輛，檢查駕照和強制責任險的有效期限（貼紙黏貼於擋風玻璃左上角）。臨檢是常態，大家司空見慣，偶爾遇上濫用職權的警察，行使勒索，讓人頭疼。多數心地不壞，只想索取飲料和零食。這些零嘴，我願意分享。一方面他們確實站崗許久，一方面是留人情。如果是傍晚時分，我還會主動邀請他們上車，親自開車送回家。幾年下來，警察已認識我們，每次經過檢查哨總是放行通過。

他們明白外國人有錢，也試圖要錢，常常勇敢又委婉地求我給點鈔票，好讓他們買晚餐給家人。我拒絕：「我每天面對一百多個青春期少年，天天闖禍讓老師收拾。我不止教書，還要教心，壓力一樣大，錢不夠用。」聽得進去的，讓我走；聽不進去的，我退一步：送他回家並告知他把省下的交通費拿去買晚餐，或者送他一瓶我隨身攜帶的可樂。再不行，我才

給予一千克瓦查並跟他開條件：「今天我幫你這筆錢，下次你應該放行禮遇我。」爾後好幾天，他確實沒攔下我，揮手示意駛過。

一種情況最頭疼：蠻橫。把你攔下，胡亂嘟囔指控所謂「輪胎老舊」抑或「保險標示不清」的理由，需要現場上交罰金才允許離開。由於駕駛有義務將國際駕照交予警察檢查，因此我若不給錢，駕照可能被撕毀。稍微聰明的並不會撕壞它，而是更上一層樓：「您怎麼證明這張駕照不是偽造的？若不能提出證據，視同無照駕駛。」威脅具足，敲詐勒索。即使真要罰錢，也不是當場掏出鈔票，而是請警察親筆寫張罰單，鉅細靡遺地記錄事發經過、警員信息和所違反的法律條文，駕駛才憑藉這張罰單到法院提起訴願或至監理處繳納罰款。路邊臨檢絕對不允許金錢行為，理論上本地人還能反告警察。只不過，不與這類的警察囉嗦是上策，盡量爭取以可樂代替財物。

茅葺小姐是日本外務省管轄之「国際協力機構」（JICA）的外派建築師，她的公用手機直通馬拉威分所的所長祕書，後者與當地政界交好。每當遇上敲詐，她不說廢話，僅讓警察接電話。警察一得知通話的另一方來自國會，嚇得敬禮放行。「我寧可消耗時間打電話處理訛詐，也拒絕貪圖短暫的方便而給錢。我一旦屈就，等同將日本國格踐踏輪下。」她的原則令人肅然起敬。實際上，警察勒索是一種變相的種族歧視。由於歷史原因，警察不會找歐美人士的麻煩，擔心惹禍上身；華人則習

慣付錢了事，無形之中養肥勒索的胃口。

二〇二〇年三月爆發新冠肺炎疾病，馬拉威的交通運輸大受打擊。乘車人口減少，麵包車（Minibus）司機的收入銳減，更是無法忍受警察勒索（警察也拿不到薪水，只好敲詐掙錢）。八月首都封城期間，數十輛巴士一氣之下包圍某個郊區的臨檢處，司機們下車將在場站崗的警察圍毆致死。那段時日，開車出行異常平靜，找碴陋習煙消雲散。

以訛傳訛
Mphekesera

白化症患者飽受迷信歧視，虐殺與欺侮不曾間斷。近二十年，坦尚尼亞巫醫散播「食用白化症患治百病」的謠言，全國每月無數無辜患者及幼童被砍殺。屍首的內臟和四肢經過風乾處理，流入黑市兜售。遇害者家屬作為目擊者，成年人難逃一死，小孩被拐賣外地。坦尚尼亞總統下令徹查黑市，違抗者就地處決。眼見苗頭大毀，黑社會偕同巫師轉移陣地，遷進馬拉威，食人邪風再起。兩國政府攜手國際人道組織，先後成立許多白化症收容機構，以國家的力量提供庇護。

【吸血鬼】

為求財物而拋棄道德底線，其與猛獸無異，差別僅於添著衣冠。校園工地的工人為了偷取鋼材，趁著監工出差，勒死兩隻看門犬。二〇一七年二月，各地忽然謠傳所謂的「吸血鬼」傳說，無人知曉何時誕生，也沒人明白如何散播。屢年以來，謠言不斷，總有媒體配合好事之人演出，在攝影機前胡言亂語，傳染恐慌。數天之間，全國各地零星傳出遭遇吸血鬼攻擊的「意外」，夜間行走的路人被誣陷而殺害的刑案頻傳。大漠上星夜兼程，路賊猛力忽拋閃光彈，驚得駕駛失控翻車，路賊趁機前去偷竊四處散落的值錢物品。

部落居民見識少，不聽得閃光彈，只懂驚嚇。有心人道聽途說，散播吸血鬼尋人吸血的謠言。

路賊的計謀、鄉民的起舞，恐慌洗劫人性。暴動萌生、搶劫四起，政府機構遭遇襲擊，富人舉槍自保。外國受害者求助警察，警察第一句話：「你給多少錢？」財富與資源的妒嫉引導人性惰壞。面對荒唐的人性、無序的社會之中，明白本地命運的悲哀。文明社會早已擯棄的，非洲反倒躊躇不決，束縛於外國算盤之中，自我齟齬。

【內鬥】

華商間不存互信，彼此交流僅於業務。談生意？套感情？相約飯館見面，絕不開門邀請作客，就怕招引麻煩。漢語教師性格耿直、背景單純、不具殺傷力，華商對待我們和藹真誠，少了城府、多了人味。「我邀請你們來我家吃晚飯，是因為信任。你們老師只教書，沒有利害問題。如果是做生意，不可能讓你們踏進宅邸一步。」港商部小姐從事紡織業，不讓任何華商踏入家門是她的鐵則，漢語老師例外。我們拜訪華商私宅的行程，在外永遠是機密，不得隨口談及。格局讓外人知曉，恐怕危及當事人逃生。至於家中僱用的管家和警衛，他們多少留心眼，保全自己為上。

公路搶劫屢見不鮮，闖入私宅偷竊的案例時有所聞。問題在於：他們怎麼知道今日手提包正好有現金？為什麼這些竊賊熟悉車鑰匙的存放地？為何小偷這麼清楚暗庫的位置？原來是華人同胞捅刀——商敵買通對方私宅的保安，以賄賂換取住屋格局與發薪日的行程。商量完事後抽成，立刻教唆幫派定點攔車搶劫，甚至綁架勒贖。只不過，華人面孔在本地黑社會眼裡幾乎一個模樣，弄錯對象是真實笑話，華商互捅的行徑東窗事發。

本地人不壞，雖然每個星期總會碰上惱火的鬼事，但是所有狀況起源於一個道理：「不患寡而患不均」。倘若資源分配妥當，問題好辦。馬拉威質樸單調的社會環境是一座鮮明簡潔的舞臺，華人的內鬥本性一絲不掛地表露無遺——它是一面照妖鏡。馬拉威眾生相的喜怒不需掩飾，所見即所思。常說的「純樸」即是這類不用拐彎抹角的相處模式。站在純樸面前，文明習性顯得多餘；坐在天真底下，算計思緒顯得可笑；躺於窮困之上，明爭暗鬥顯得不必要。

筋

M'mwenye

（右圖）奴隸史主題展，國會歷史博物館。英國殖民的日子裡，精於算數及打理的印度人受到名流階層矚望，被指定聘任會計和家管的工作。英國人的殖民手段，印度人全數看在眼裡。殖民初期仰仗武力鎮壓，如此殘暴迅速的統御路線成功鞏固本地人眼中的恐懼形象，印度人亦一字一筆牢記著。

【管家】

十一月孟夏，鳳凰花爭豔綻放，炎夏酷暑、人心鼓譟。一個畢業生急急忙忙衝來學校，一眼明白不是探望老師，而是要命的事：他來借錢，好讓他的弟弟能在醫院多住幾天。問他弟弟發生何事：「四肢的筋被人砍斷。」他說話時，眼裡盡是仇恨，而弟弟注定殘廢一輩子。中學畢業生踏入社會，險惡故事自此說始。弟弟上工時，被領班指控表現惡劣、曠職紀錄過多，錄取不到三個月旋即開除。他不甘心，上找老闆理論。老闆是印度移民第三代，精通齊切瓦語，也通曉社會情勢。他沒聽進去，埋首研讀日本商人的合同。

二十世紀中葉，英國人撤退，印度管家續留未走，繼承殖民者遺留的一切，囊括工廠營運、茶

園銷路、水利維護與公共行政等等範疇。雖然印度人繼承舊主子管治馬拉威的手腕，卻沒有柯爾特民族跨坐馬背的驍勇善戰。馬拉威人感受印度人的治理多了懷柔、少了槍聲，心裡的不平衡發出報復的嗚喊——社會各界曾短暫發起「不配合運動」，試探新統御階層的火候。初嘗苦果的印度人轉換方式：不碰政治、只管經濟。不憑武器管治非洲，而要落地生根、通達世故、深化教育、掌握金錢。印度移民對外融入本地，家庭對內重視母語傳承，但是不忘要求後代與本地人士保持交流。

「想要紮根，就要精通他們的語言。」校董希納小姐說道。她是移民第三代，祖籍昌迪加爾，精通印地語，但是堅稱齊切瓦語是母語，不是「第二語言」。曾祖父曾是總督府的茶莊管事，獨立之後，英國莊主將姆蘭傑山的紅茶茶園無條件讓渡給他經營。一夜之間，管事變老闆，富裕人生迅速開展，本地自有紅茶品牌「Chombe Tea」自此誕生。獨立建國後，順勢取得前殖民者資產而致富的印度人遍布。

【開除】

老闆不理會員工的咆哮，吩咐警衛將人推趕出去。老闆只在乎一點：手腕不堅勁，本地員工日後有樣學樣。印度人商賈算計的性格使得他們成為本地人口中的剝削者（仇恨轉移）。員工向法院提告。為了維持就業率，政府設法限縮資本家解僱員工的權限，而非創建吸引投資的環境，本末倒置：雇主必須提前一個月提出警告信，並且給予兩個月的寬轉期，例如調換部門。兩個月後，雇主得邀請勞動部官員參與評估會議，列席討論聘用與否。老闆對此政策嗤之以鼻，照樣開除自身認定的不適任員工。

以法律字面而言，印度老闆確實是犯法。警察見機而作，傳喚該名雇主前來做筆錄，又派人搜查工廠。「你的消防安檢不合格，必須扣押外頭兩輛歐寶汽車。」老闆臉上無光，更擔憂汽車一去不復返，配件不翼而飛。商會接獲消息，親自聯繫首都警察總局。電話掛上不到一個小時，老闆獲准交保取車。隔天下午，老闆付錢雇人教訓該員工。清晨五點，一幫人手持鐮刀擅闖空門，將人拽出門外，合力壓在地上砍斷四肢韌帶。傷者站不起來，哀鴻遍天，血流滿地。村教堂的修女登門求助無國界醫生組織，急救搶回一命。外科醫生斷言犯案人經驗熟稔：「切口平整，力道適中，不傷及骨頭。一次切進要害，把筋砍得乾淨俐落。」

警察逮捕犯人，其中一位竟然是醫學生。這個年輕人家裡突發變故，無法負擔學費，放下道德鋌而走險。老闆要權威，殺手要錢；各取所需，兩全其美。無良商人塑造恐懼、給馬拉威員工殺雞儆猴：「誰敢得罪我們，下一個在地上爬的人是你。誰的麻煩可以找，就是不能找我們。」比氣勢與拳頭，印度人承襲殖民者習慣穿戴的手套。人們說非洲是黑暗大陸，哪裡黑暗？政府漠視國家發展，任由底層人民廝殺拼搏，所見皆是各種無底限的手段。道德是奢侈品，誰講究誰倒楣，等著被人騎在頭上、壓在地上。矛盾深如谷，暴亂加劇、抗議橫生。新型肺炎爆發當年，失序動盪或將預見。黑雲壓城城欲摧，考驗孰能巍然不動？

雲雨壯觀。

Republic of Malawi

Chaputala 05

援
Zomangamanga

國家弱小，敵人多。了解非洲近代史，即能明白非盟擁抱中國外援而疏遠歐美之由，特別是新冠肺炎疫苗的支援。荷蘭爭奪南非採礦權的手法與美國針對中國的貿易戰術如出一轍。名義上追求公平競爭，實為遏止獨立自主的事實。東亞不干涉非洲內政，彼此無殖民情仇。實體基礎建設的需求上，多數尋求與東亞合作。

所謂的國際法和公平市場是不折不扣的謊言，風水輪流轉，歷史因果循環。千萬別以為中國遭受制裁而沾沾自喜，非洲近代史教導了一件事：任何一個區域大國一旦被鬥倒，鄰近國家同樣沒有好日子過。南非廢除核武，前車之鑑；文治者必有武備，擇友站邊。非洲選擇不曾殖民此地也不向內政指手畫腳的中國和日本。至少，憑藉人權問題而制裁非洲並不是兩者的外交風格。

中日
Mzungu

【自拍】

一張照片解釋很多事。你看見什麼？其實越貧窮的社會更容易經商致富：競爭者少，需求人多。4G通信初展萌芽，設備全盤購自華為。歐盟插旗非洲，驚見中國早已布局多國——中國最早踏入南非地區通訊市場，銷售與管理結合本地政策，結構定型。2013年，中興通訊與南非電信公司合作，成立本土手機廠牌iTel，採用安卓系統，特色在於獨有的攝影鏡頭和修圖軟體。

非洲人喜於自拍，偏偏黝黑的皮膚在強烈豔陽下的效果完全是天災人禍，出口至南非的中國手機乏人問津。中興派出技術團隊，團員包含通曉本地語言的南非工程師，術業專攻的一群人進行數月的實地考察。當地人無時無刻三五成群拿著功能手機拍照。從機場大門到鄉野市場的地攤，考察團很快明白網速不是重點，能拍出當地人心目中

合適照片的手機才是搶購的寶貝。通訊與公共基建由中國承攬，農技與衛生支援則是日本一手包辦。

【M2】

日本與中國，援助面向各有軒輊。二〇一三年，布蘭太爾市平面高速大道 Masauko Chipembere Highway 動工，西從銀行舊城區向東延伸，總長二十公里。八個月工期結束，路面平整、行車舒暢、車流增量，沿路區域重劃開發，商機蓬勃，豐田汽車設有全國唯一的直營店。這場工程是兩國建交以來最大的援助項目。作為援助的受惠方，馬拉威給予日本政府更優惠的二手汽車關稅作為回饋。

大和民族性格低調、簡樸、實事求是。竣工通車當天沒有剪綵活動，亦不見大使館高官演說。日本工程團隊僅簡單地造起一座紀念碑，國旗下邊寫道：「The Project of Improvement of Blantyre City Roads. Grant Aid from the People of Japan. As a Token of Friendship and Cooperation between Japan and the Republic of Malawi.」（布蘭太爾市道路質量提升計劃。此援助來自於日本人民，象徵雙國友誼。）

中國援建的Bingu International Conference Center是南非地區三大會議中心之一，馬拉威首都的地標。

公園

Thandizo

【金援】

大部分年逾不惑的馬拉威人，都記得臺灣在馬拉威的歷史。曾經接受過援助的部落酋長們，或許還能描繪當年國合會鑿井灌溉的故事。二〇二〇年代的馬拉威和十年前相比更加窮困、經濟更紊亂，比起二〇〇八年更需要北京的幫忙，尤其是通訊與交通建設。假設馬拉威沒撤銷對中華民國的承認，這類金援或向臺北懇求。

歐美各國想方設法盡力圍堵中國，非洲則反其道而行：張開雙手開放市場，中國於是成為非洲最大的通信器材供應國；在英國人撤離之後，馬拉威國鐵每況愈下，中國政府允諾鐵路建改工程，包含人員教育及機電更新；作為天然氣開採權的謝禮，二〇一七年初大使館贈送一百五十輛配有衛星定位的越野警車給

中國援建的馬拉威科技大學和國會大廈，門前掛有「China Aid」識別牌。

予急需維護鄉村治安的地方政府（當時爆發吸血鬼騷亂事件）。

隔年的三月，馬拉威北部地區通往坦尚尼亞的跨國公路修建完工，這是建國以來第一條符合國際定義的「高速公路」。

【公園】

一九八六年十一月，馬拉威首都里郎威和臺北市締結姐妹城市，臺北市政府全額資建一座中式花園以示邦交情誼。涼亭上懸掛一塊銅牌，記錄締結歷史。政治界為利是瞻。二〇〇七年十二月，馬拉威承認北京政府的「中國」，大筆投資與交流項目隨之而來。

十年之間，國會大廈和馬拉威科技大學建築群相繼竣工啟用，兩者雙雙成為國鈔的象徵圖像，宣示馬拉威迎來新的金主。建交第二年，中國大使館推動國際會議大廈的聯合開發案，計劃將公園剷平改建。時任總統要求保留部分舊建設，最終爭取到一座中式涼亭。它孤單淒涼地被晾在一旁，在陸資援建大廈的凝視下，自嘆中華民國的足跡煙消雲散。

酋長帶領老師們參觀涼亭，口述邦交歷史。

看電視上課。

【萬村通】

二〇一五年的中非合作論壇（中華人民共和國和非洲國家之間為進一步加強友好合作、促進共同發展而舉行的定期對話論壇）曾提出十項合作構想，在教育方面提倡電視傳媒的建設，「萬村通」計劃因應而生：在廿五個貧困國家的一萬個村莊的家庭免費架設衛星電視設備（包含機盒），使村民擁有收看電視的機會，以增進衛教、政令、學識與社會道德的認識。

非洲聯盟樂觀其成，中國冀望宣揚的價值觀更將順勢推展。馬拉威屬於受惠國之一。在接受援助的村莊，酋長會挑選一塊空白牆面供畫家畫上兩國國旗和技術團隊的商標，標榜「萬村通」的落實。

開車行經外地，一瞧見滿屋頂的橘色衛星和牆面上的國旗，即曉得此地是受惠村。二〇二〇年新冠疫情爆發，防疫的政策宣導，衛星電視功不可沒。同年三月二十三日全國停課，電視承擔遠距教學的媒介，政府鼓勵無法利用網路和收音機進行函授的學生前往裝有衛星電視的學校，與當地居民一起「看電視補習」。

獎學金

Malipiro aku yunivesite

【會考】

五月與六月分別是小學和中學的會考舉行月份。在考試完結之後，不會等到七月結業式，而是直接放寒假。小學八年級的會考（PSLCE）為期三天，考試科目分別為英語、齊切瓦語、數學、自然、社會、生活機能以及古蘭經；中學的畢業會考（MSCE）則為期長達一個月，除了必修科目之外，也會選考分組科目（自然組或社會組）。

在考試舉行的前幾天，督學親自到訪學校，詢問副校長能否出借桌椅和時鐘給考場使用。考場硬體窮匱，無法負擔舉辦國考所需的設施。副校長爽快答應請求，督學安排了考生接送專車作為回報。考場位置地處偏鄉，黃土崎嶇的道路上來往著載滿考生的巴士和私家轎車，塵土揚得鋪天蓋地。貧窮國家的觀念裡，升學考試

是翻轉地位的捷徑。無論考生來自何種家庭，踏進考場全力複習，恨不得將全國的課本背進腦中。儘管本地學生的環境與華人極度不同，成長路途上總能察覺似曾相識的社會軌跡。

「PSLCE」採用英文字母做為計分方式，「A」為得分最高，「D」是最低，「F」則等於零分。其中英文與齊切瓦語的計分必須高於「C」，任何一個科目都不得為「F」，否則失敗；未通過者，留級。

「MSCE」為級分制，每科十級分，一級最高，十級最低。成績採自包含英文與齊切瓦語在內的最高六科，因此最高分為六，最低六十。級分越少，表現越好。英文與齊切瓦語得及格，否則作廢。

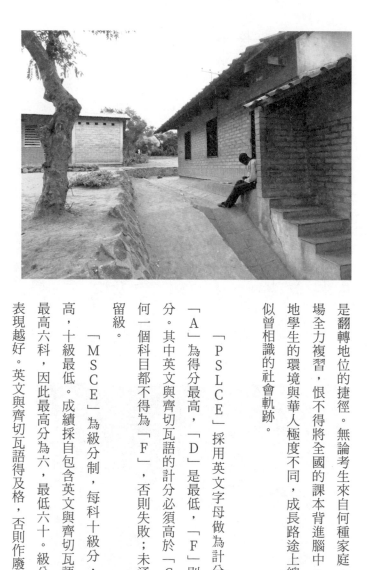

【留學】

中國政府有項獎學金計劃「Chinese Government Scholarship」，會考優秀者可向大使館申請。馬拉威是邦交國，全國中學生適用這項計劃。憑藉優秀成績得到赴往中國留學四年的資格，一夢華胥，聽起來吸引人，實則挑戰現實。報名者須與全國考生相互競爭並脫穎而出，連帶壓力可想而知。尤塞學習漢語長達十年，認字和

帶領學生參加漢語橋中文比賽是全校師生的年度大事。馬拉威全國學習中文的中學生齊聚一堂，參與競賽、相互觀摩、與不同家境階層的同齡人互動。

聽說能力約為Ｂ１。每每聽見老師交談間的雙關語總能會心一笑，是漢語程度較好的學生之一。他從學長口中得知這項計劃，晚自習前告訴我他想嘗試——他以為中文程度夠高即合格。我潑他冷水：「沒那麼簡單，規則已經不一樣。」以前確實不太要求會考，二〇一九年卻新增規定：ＭＳＣＥ超過八分者不得報名。

「意味什麼？」他盯著螢幕上的英文簡章，「八分條款」像惡夢似地嘲諷他。

「意味中國社會進步了，效仿歐洲的做法：要求品質。不是家境優渥就能去，成績不好照樣淘汰。」他很失望。我說得很直白，條款現實又公平。「你的學長很幸運，舊時代不設太多條件，有很大的空間體會家鄉人無法想像的生活。現在，和你一樣想藉著獎學金留學的人廣布四海。生不逢時，你更努力才能圓夢。」

他的成績不好，美術倒精湛。可惜，會考是基本條件，尤其英文。

「你是自然組，一共考幾科？」我問他。

「英文、數學和齊切瓦文是必考科目。」數學是最頭痛的。

「還有呢？」我再問他。他仰頭看著日光燈，邊回憶邊數數。「化學、物理、生物、農業、生活技巧和社會。」

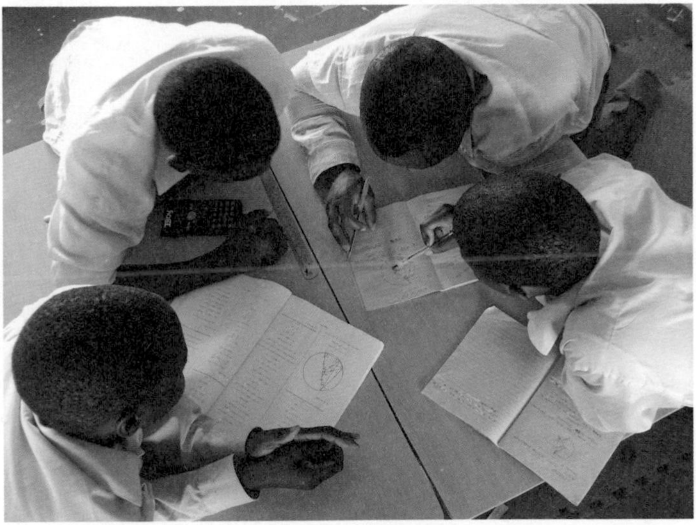

我簡直頭疼。「這麼多科，每科只能一分，頂多某科拿二分。有信心嗎？」上個月的模擬考試，他的總分極為難看。他的夢想我替他歡喜，他的學業表現我替他憂慮。那晚談話後，他變得更積極。每當下課走過應考生的教室，裡邊時而鬧得好似造反起義。一陣狂瀾暴雨之中驚見不動如山——喧雜間的氣定神閒，見他安穩不搖地寫題。人，需要誘因或壓力，才有打敗惰性的推力。壓力為何？畢業後的不肯定性。中學畢業踏入職場是常態，升讀大學講究家庭財力。誘因為何？赴外見習的機會和連帶的人生價值。深入探究下去，真正的緣由產於翻身的願望、擺脫貧窮的念頭。持續數月，我理解他絕非短秒熱度，而是動真格的願想。我們明白機會渺茫。即便沒有八分，準備考試而習得的成就仍屬於自己，毫無損失。

Republic of Malawi

Chaputala *06*

畢業

Womaliza Maphunziro

總統大選落幕，全國烽火遍地、暴動蔓延，圍牆裡邊如期舉行中國官方的漢語水平測驗，畢業生返校應考。離校多年，性格舉止多了沉穩，稚嫩氣息消失殆盡，再次見面的感受天壤地別。考試結束後，臉上盡是疲倦，沒心情開口。一個昨日遭遇非法資遣，另一個困於學歷而被同事瞧不起。有畢業生反映飯碗雖在，華商老闆的走私勾當卻讓他提心吊膽。人性黑暗、現實緊迫和職場無奈，全球無不同，無論發展優劣高低。離開校園，逢山開路、遇水填橋，畢業青年偶爾返校探親，對著在校生訴說職場的苦辣酸甜。總要踏入社會後，才反悔光陰浪費。職場教育，立竿見影、刀刀見骨，課堂內的教師們僅得祈禱順遂。「比起老闆，HSK 根本不麻煩。」畢業三年的威茲告訴老師。

Nyanga ya njodvu

【象牙】

基布鐸畢業當天來辦公室向我道別。

「你打算找什麼工作？」十七歲的男孩要養活自己。我看著他的雙眼，眼神憂慮。讀大學是權貴階級獨享的福利，名額內定。即使考上，家裡供不起。我曾考慮資助他，然而公立大學每個學期一千四百美元的束脩使我心寒。

「有華商在體育館附近建了一座皮革廠，我去應徵口譯。」他心不在焉地望向窗外藍天。「老師，你能不能陪我去看看那家工廠？」

「陪你過去？」

「我擔憂。」眼神飄得胡亂，目光在牆壁海報之間飛移。「擔憂什麼？」我問。

「擔憂那個華商私底下見不得人。」他緩緩抬起頭，認真注視我，眉宇之間緊夾徬徨的軟皺。

幾年前，南部有個大學畢業生在一家華商工廠擔任口譯。廠主掛羊頭賣狗肉，外表看似皮鞋工廠，倉庫後邊竟是滿山象牙。老闆威脅他作假帳、賄賂警察。老一輩的日商常說本地警察在二十年前不如現今貪婪，頂多五十、一百克瓦查就能滿足需求。

「現在不給上一千，保證扣留你昏天黑地。華人不懂法治素養，出國做生意又不願意遵守法律，還影響到別的國家去。『排華』？一個巴掌拍不響。」一個港商抱怨。不遵守異地規範的舉措，華商不是唯一的禍首，但是人數散布全球各地。不僅僅是華商跟本地市場的衝突，華人與華人之間的心狠手辣同樣讓我們這些非商業人士聽得心驚膽顫。怪不得出國在外，親友必定提防一句：「小心華人害華人。」或是「當心臺灣人害臺灣人。」

華人做事習慣在桌面下解決，談吐顧及面子與位階。通常拿到檯面上處理的，要不事態嚴重、要不別有意圖。高情境語感的思考模式使得習於低情境語感的馬拉威人感到溝通困難，無法讀通弦外之音的結果是一層又一層的偏見，最後使得華人移民的宗教觀與文化理念不容易與本地社會融合互通。這類的內向式裙帶系統不僅讓本地人感到距離感，遠渡重洋的漢語老師同樣面臨尷尬。身處海外，沒有老師能做到徹底的獨善其身，然而更沒有老師拿捏得住完美的平衡，特別是被既有移民團體視為所謂「空降人員」的印象下。

鑑於我過去在海外跟華人相處的經驗，也不建議畢業生將華商作為外商求職首選。連續幾年以來，每週在學校晨會收到的情報一則比一則駭人。華商遠道而來，掙錢求存是目的，鮮少有計劃地長久移居，立足點與南亞移民大相逕庭。華商有後路可退，拍拍屁股轉移他國，拋下一坑污水讓非洲政府收拾。這種求商機而駐足者，道德性不高、手段無窮，影響法治及市場平衡。華人的社會面貌與非洲毫無交集，除了政府擔保的商業項目。在馬拉威出生成長的南亞移民後代占全國人口百分之十，通

曉本地世故，又會服兵役、繳稅、通婚，甚至出任官職。落地生根，毫無退路，此地是家國。他們明白祖籍源於南亞，但是終究是個土生土長的馬拉威公民，家在這裡。

我能體會他的憂慮。「後來呢？」我問。

「有天中午，警察突襲工廠，那個華商早在凌晨潛逃到莫三比克。走私象牙是重罪，員工作為替罪羔羊，全數入獄。」那個青年被判決五年有期徒刑，實屬委屈。窗外晴天下，足球校隊在草坪上競賽，好似世上沒有煩惱。即將面臨職場的中學畢業生，他們面對的困境不只是國家發展的衰竭，還需應付外國人的詭譎心計。暴動通常起因於不平等的欺瞞；壁虎與狼蛛，結局已定。

主機風扇發出聲響，電來了。

頡頏
Vairasi

【工作人口】

二〇二〇年三月二十日，馬拉威政府發布全國緊急命令，軍隊駐管首都所有醫院。部落散播眾多疑似感染的新聞，市內商街趁火打劫時有所聞。陸地邊界毫無阻隔傳染的能力，出口導向的窮國更毫無選擇。恐慌購物興起，富人攜家帶眷採購，通往機場的公路實施管制。二十三日全國停課，各級學生返鄉。五月中旬，政府宣布四大城市軟性封城。停課不停班，私人轎車和巴士禁止出入，只許貨貿運輸。政府做不到全境封鎖，更不得停班。日薪是主流，以月算薪的工作人口僅占全國七百四十萬的百分之六，停班等同鼓譟革命。一天不工作，代表一天全家不吃飯，社稷陷入困境。貨貿衰退、消費疲乏、通貨緊縮、失業頻增。暴動頻發，維穩成本或與防疫不相頡頏。承平時代，底層族群將貧窮歸咎於掌握經濟命脈的移民後代，素日積怨長久。今日藉防疫之名，行報復之實。不等官方命令，所有商家提前歇業，躲藏在家，握槍防身。

疫情的應變機制，當地人民的切入角與北半球不同，態度自在。聯合國宣布全球大流行的半年後，主街上戴口罩的人還是寥寥可數。坦白而言，至少我認識的馬拉威人都不認為這場肺炎流行不足以警惕，反而瘧疾的致死率和嚴重性才讓本地人色變。瘧疾無法根治，更沒有疫苗。而且，染上瘧疾的人體是有可能在發病的一天內死亡。戒嚴令傳開當下，一個已經成家立業的畢業生告訴我：「我比

較在意這場『白人的肺炎』會不會打亂原本穩定的醫療資源，那些需要救治的瘧疾病患無藥可拿？」

愛滋病、伊波拉出血熱、瘧疾、登革熱、黃熱病、霍亂、內戰、饑荒，這些天災人禍每年在非洲所造成的經濟損失超過數百億美元，喪失人口以百萬計算。若非普遍的高出生率及外國援助，人口本應快速下滑。鑑於殖民史的感受，非洲多國政府預判歐美勢必採取囤積疫苗的利己作為，預防性地向中國提出合作意向。

【違憲】

經過數天的抗爭，最高法院裁定政府違憲，暫緩預定三週的封鎖政策。前往機場與邊境的公路上車潮湧現，周邊充斥暴民敲打車身的怒響。「寧可病死，

不願餓死。」的黑漆噴字怵目驚心。政府貪腐造就低落的基建級別，雖然殖民政府曾經留下已具雛形的法治體系與工業基礎。官員寅吃卯糧，社會缺乏危機應變的能耐。先進國家有套未雨綢繆的辦法，基本涵蓋急難紓困、緊急通訊、救災動員和糧食倉儲。以上四點，馬拉威不具備任何一項。封城隔離？沒有儲備，配套全是幻想；封鎖宵禁？停課停學？並非家家戶戶擁有手機，人民更不會犧牲糧食錢購買網路進行線上學習。再者，離開城市，信號斷絕。教育部呼籲改聽廣播，缺陷依舊：沒錢添購電池和收音機。況且，手機何處充電？許多區域徹底無電。

病毒揭露政府孱弱的殘酷，一棒子打回原形。無法學習的青年參與農務，然則更多未成年人士甘願冒險，出賣人生。失學青年與失業成人聯合鬧事，打砸搶燒、販毒下海。九月復課，許多學校反映學生流落外地，難以回岸。

巴士

Lusaka

【面試】

停課第四週，政府決議取消會考，改用平時成績計算。卡魯瓦是疫情災變的首批畢業生，跳過會考的空虛感使他措手不及。五月下旬，他回來學校找我談話。

「找到工作了嗎？」我放下鍵盤上的工作，轉身問他，發覺他的服裝潔淨好看。白色襯衫、天藍色牛仔褲和棕色帆布鞋，一身素雅。

「穿得這麼帥，今天面試了？」

他笑一笑。「面試三家華商工廠，全部拒絕錄用。」

「為什麼？」

他坐下來，放下背包，雙手掌心在褲上磨合著。

「老闆批評我英文成績不好，更沒有 HSK 證書，不符合他們需求。」我靜靜聽著，不說任何話。離開

學校，畢業生實踐自力更生，品嘗冷暖。

「我計劃七月去尚比亞投靠學長，外國的情況或許比馬拉威健康。」每年至少有三分之一的畢業生遠赴外國工作，通行英語的尚比亞與波札那備受青睞，再來是坦尚尼亞。南非曾是首選，近年的排外仇恨倒令人卻步。疫情爆發，出口萎縮，收入癱軟，工作人口流失。

「那個學長信得過嗎？有人陪你嗎？」我問。

「我們三兄弟一起去，不怕出事。」

【尚比亞】

六月季秋，疫情加劇，歐盟啟動撤僑、中國大使館著手統計飛往貴陽的包機人數。三人決定提前一個月入境尚比亞，學長心急地安排朋友在關口接應。我不放心，出發當天拎起背包，陪他前往客運站。近日警察勒索頻繁，有時搭乘麵包車免不了遇上麻煩。搭乘麵包車，價錢有學問。每段路程有既定價，外地人千萬別傻傻詢問，收費員與司機必訛詐。油價浮動不定，每週路費相差五十至一百上下。倘若莫三比克內戰再起，影響貝拉（Beira）港口運作，油價絕對貴，車費多漲二百是常態。

我深知行情，上車後無聲遞出一千克瓦查，待扣除收費員找回的零錢則知曉本段路程的費用，找零通常不會低於五百。有時見我是外國人，故意只歸還一百克瓦查，我立刻提醒他誠實還錢：「再怎麼貴也不至於九百，你找我一百是什麼意思？好歹我待了四年。」馬拉威人性格溫和，理虧後總會笑著還錢。南非那邊就不是如此，治安極差。疫情肆虐，貿易萎靡，生活大壞，司機跟風貪婪起來。客運中心在首都西郊，必須中途轉車，每段車費平均一人六百克瓦查。然而，我們一上車，收費員張口兩人三千。卡魯瓦非常生氣，據理力爭。一陣難聽的揶揄後，司機果斷拒絕我們搭乘，發車前大聲嚷道下車。

「怎麼回事？」我瞥見收費員眼神凶惡。

「他們不相信你是我的老師。我拚命解釋你不是我的老闆，他們卻指控我欺騙大家：『你應該幫幫同胞呀！想辦法從你的中國老闆身上挖點錢給我們過日子啊！怎麼忘了你也

是馬拉威人呢？你的嘴會說中文，你的臉還是黑人啊！』我聽了很難受，他們更發火。」

「這就是『種族歧視』，我今日遇到了馬拉威人對我的『歧視』。」我說。「我這個亞洲面孔在這裡常被施予不公平的對待。為什麼我的外貌等同『富裕』、『多付錢』？」

「大家認為白人有錢。」卡魯瓦搖頭。「你很清楚這裡的窮。你的國家的『鄉村』，在我們眼裡是『富裕住宅區』。不少人相信外國人的富裕全部剝削自非洲，他們想當然耳要討回來。」

「本地人控訴他們被白人歧視，卻不自知他們同樣歧視外人。一個人，他因為不一樣的外在而莫名承受不公正的待遇，即謂『歧視』。」我說。

「怎麼辦？」他問。

「理解現況，敬而遠之。千萬別想著改變別人，最後動搖的人必是自己。」

客運站人滿為患，放眼望去滿是出境尋工的青年人。卡魯瓦與另外兩人碰面，三人在學校結拜為兄弟，相約攜手並肩闖商界，發車當天竟即刻遇上挫折——車票無預警漲價。前往尚比亞首都盧薩卡的車票從三萬漲至三萬八千，足足多出八千克瓦查。中學剛畢業的男孩子哪來能一口氣拿出這麼多錢？除非現場變賣手機，否則根本買不起票。

「路程多久？」

「二十小時。」坎南答道。馬拉威男人真辛苦，出國搭巴士也沒簡單到哪裡去。

「我也支援一些錢吧！戒嚴就快了，趕緊買票。」三人掩護我，遮擋人群視線，拿出錢包。

天塹
Nyasa

馬拉威湖畔怡人心靜，水下危機四處、寄生蟲遍布，好似生活——尋尋覓覓求得一片夢寐寧靜，卻免不得干擾介入，惱得正直者無予安眠。湖灘上帆檣林立，停泊數艘木造漁船。埃文拿著鐵鎚，手壓著鋁片在船舷上猛力敲打。繕修漁船是家族祖傳，週末出湖捕撈，世世代代仰賴漁獲維生。觀光業雖然替本地人民招來額外收入，更多的消費通路卻讓歐美人士掌控著。湖灘砂礫的感觸、風吹波浪的拍打、夜空銀河的壯闊是此地的寧靜面貌。埃文的「寧靜」在哪？我意識到觀光客的享受居然和當地貧民的稼穡互相聯繫，前者無意之間恐怕成了剝削幫凶。

埃文很有個性，防衛意識非常強硬。說明白點就是獨善其身，行事低調、小心翼翼。他不難相處，交友廣多，可惜頻為君子淺交。他很不信任外國老師，態度顯著。有年暑假輔導課，我心血來潮舉辦一場同樂會，包包樂事薯片把整班鬧得開懷，唯獨坐在角落的他不動聲色，靜閱報紙。跟他關係比較要好的奇皮詢問他，答案令我咋舌。

「埃文說不吃，覺得怪怪的。你突然舉辦同樂會，是不是大家待會得付出什麼事作為交換？」

他又來了，我搖頭。「想太多了。聖誕節不慶祝，難道我要考試嗎？」

二〇二〇年二月的一個夜晚，我心疼他們應考生每日挑燈夜讀，準備迎戰六月會考，特地將前幾天從超市選購的進口葡萄帶給他們。為了不干擾學習，我不進去自修室，而是把整個未拆封的水果盒交給馬切並囑咐他安靜分配。埃文聽聲見狀，居然放下筆記，走過來搶走盒子並走到電燈下透光查看標籤。他認為我故意拿過期品？天下不可能有免費的宵夜水果？縱使他在寄宿學校的成長時間是部落的數倍，潛意識下的行為依舊保存著部落色彩。不患寡而患不均，馬拉威的人情交集以利為前提，任何事情談動機，外國人念及「心軟」的行事不容易獲得當地人的理解。無獲利的志願者活動？源自內心憐憫而驅使的國際救助？義務感的幫忙？如此這般不談利益的作為，本地人通常優先懷疑當事人是否隱瞞著不可告人的動機。

◆

「這是全新包裝，你以為我拿過期水果嗎？」我感到被冒犯，馬上告知他這個行為超級不禮貌。外國老師們都感受過他的防衛心。我試圖找他談話，他一直以各種理由推託。鳥隱於天高，魚沉於水深；靜待緣分到達，我不再勉強。會考取消後，學校送他們返鄉。埃文就地脫離學生身分，族人要求他承攬責任，工作攢錢。他住在遙遠的湖畔部落，全村倚靠觀光業和漁業生存。因為自小屢屢目睹旅館的歐美雇主剝削族人勞動的惡行，使得他天生對外國人抱持敵意。再者，這所二百多人就讀的寄宿學校還是小社會，資源不均的現象加深他的城府。

他想離鄉背井，到布蘭太爾討生活。家裡缺財，他得先原地打工賺路費。我偶然得知他的窘況，毅然決然搭車拜訪他。環境貧乏與出身不公，鐵硬地形塑一條超越種族的信賴隔閡。我們彼此攜帶各自的社會面貌，獨立發展二十餘年後，在一場全球瘟疫的肆虐下偶然地獲得一點交集。每個鋤頭把上藏匿一道又一道沒有解答的人生螺旋，內心的焦慮與外在的隨和並列眼眸之中，相互糾纏掙扎。站在湖邊，我是空白的人，而他的靜默遲疑是逼迫而生的求存心態。

「你給我這部手機是真心想幫助我嗎？還是你要做什麼？」他騎著自行車到巴士站接我，眼神尷尬。「我沒想做什麼。你去買電話卡，打電話找工作吧。」我說。「到城市工作，

就有成功的機率。你就用這部手機聯繫你的學長，打點出發前的準備，這樣就不用另外花錢買手機了。打工攢錢，盤纏用在交通，去城市找工作。」我給他的智能手機是南非本土廠牌的基本款式，滿足聯繫工作的需求就好。一般而言，二手手機亦不便宜，依靠湖邊漁撈、輕舟修補的事業，少說也要半年才勉強湊齊。若真要動身奔赴城市，一年的儲蓄還不夠。我聽聞有畢業生找他製毒謀利，急於掙錢的窮人眼裡很是誘惑。雖然他拒絕，可是下一次呢？為了輕鬆越過踏入社會初期的羸弱階段，誤入偏途一念間。

事態尚未墮甑不顧，希望一點機緣可改善。國家縱然資源撂荒，卻非毫無機會，只缺緣分，然而沒有機會皆空談。何種機會？接觸

資訊的媒介。幅員廣闊，交通困難，訊息通訊儼然不可缺。我為少數幾個住在極遠區域的畢業生買部當地廠牌的低階智能手機，作為他們的起步機。推一把，試試看。不給予任何承諾，只期盼他們尋得機緣。我的居留終究到期，他們的歷練遲早得尋。這是一場沒有結果的相會，僅僅望向背影並轉身道別。二〇二一年六月冬季，中國鐵建集團開展馬拉威南部連接莫三比克的跨國鐵路工程。他打電話告知我他獲得口譯的職位，步始我們想像不到的職涯。

興衰相伴三十年

Don

【房屋】

我固定到舊城區購物中心的書店購買會考練習題本給學生。書店有個員工東，長相英俊，英文熟稔。每次我走進書店，永遠是他上前打招呼。由於書本的全國印刷量只有三百本，富裕家庭往往迅速購得，因此他們的存貨總是不多，我的需求卻動輒二十本以上。他很敬業地幫我聯絡廠商，為我保留庫存。四年以來，大致認識這個年輕人。只要我開車經過超市，肯定下車見他一面，順道找找值得送給學生一讀的好書。某天他突然消失，我詢問印度老闆。

「他去哪了？辭職了嗎？」我站在櫃檯問得很急。

老闆笑得大聲。「馬拉威人不會辭職的，工作難找。他的腳踝扭傷，休養中。」他再翻閱請假簿。「後天會來上班，你再來找他吧！」

聽到扭傷一詞，心裡抽了一下。「後天八點我再來。」說完，跳上車回去改考卷。

◆

十點要上課，因此我不能在外逗留太久，七點半就到書店門口等候。巴士站擁擠的上班人潮中驚見他走路蹣跚，辛苦地走向書店。一見到我，憂慮的黑臉綻出開朗的微笑，我跑去扶他。

「右腳怎麼這麼腫？踢足球？」他的右腳踝腫脹得令人不敢直視。

「上週發薪水，回家路上被扒手洗劫。」他為了溫飽，拚命追捕扒手。追逐途中被土路石頭絆倒，摔得很糟。錢沒追回來。

「你一個月賺多少？」我問。

「六萬。」

「六萬克瓦查？」我聽了很難受，一個月的工資約新台幣一千七百元。

整月的開銷全算在這筆薪資。每月只許週日休假，其餘時間得上全天班，而且週六只有半天加班費。印度老闆並沒有遵循勞動部的法規，但是東不在乎。這份工作好不容易拿到手，再怎麼不合理的待遇亦咬牙撐過、再如何苛刻的職場仍堅毅忍耐。老闆見他走路成問題，懷疑他不能久站。他謊稱不疼，實際上他疼得沒辦法聽客人說話，無奈之下才向老闆請假一週。印度人算佛心，點頭答應。我知道他沒有家人，有些換藥物品讓我替他向醫院拿取。

七月獨立紀念日假期前夕，我去書店等他下班一起回去。住房位居丘陵腰上，汽車駛不上，只得輾轉搭車。巴士上山，城市燈火一盞一盞亮起，黃昏餘暉灑落遍地，殘丘起伏盡收眼底。風景雖美，他的住宅卻嚇人。我倆穿過大大小小的土窯木房，一看就曉得這區發展不好，居民及小孩衣衫襤褸、灰暗髒兮。我原本看他平日穿著不錯，態度斯斯文文，心想居住環境會優渥些。直到走到木門前，我才醒悟心中的劇場實在過頭。「你住在這裡？這是你的房子？」

東於一九九〇年出生，具體日期不曉得，身分證的生日是隨便寫的。小時候家境不錯，爸爸生意成功，媽媽在家替人裁縫衣裳，雙親每日收入能讓全家每餐都吃上一份牛肉。忽然間，雙親在他五歲那年同時死於不明的腹部疾病（聽他的描述可能是肝炎），人生急轉直下，極具災難性的變化。父親生前累積的人脈使得喪禮能夠體面地舉行，部落阿訇還請人免費訂作棺材儘速埋葬大體（穆斯林習俗）。然而，喪禮結束後，樹倒猢猻散。酋長也窮，還需扶養數十個孩子，無法領養他。親戚全在八〇年代死於北部內戰，現今無人投靠。父母過世後一週，他在家靠著剩餘的儲量度日。五歲的小男孩毫無頭緒，眼神恐慌，晚上躺在媽媽生前沒整理完的衣服堆上，盯著黃燈泡發呆。

清晨五點，太陽未升，東被一道激烈的破門聲吵起。鄰居們按捺不住無限貪念，衝進房裡將所有家當搜刮而盡。十分鐘後，牆壁光溜溜，只剩一件他緊抓不放的衣服。領受了人性，他在屋內沒哭出聲，毅然決然走出去。整整兩年，自己一個人漫無目的亂走乞討，從里郎威流浪至三百公里外的布蘭太爾，再偷渡卡車越過邊界到莫三比克的海港城市貝拉碰運氣。過度的飢餓使得七歲的年紀沒

有相應的體格，這種身體現狀成了生存優勢。憑藉弱小的身軀四處偷竊，如魚得水，不再飽受挨餓。渴了就偷汽水、餓了則鑽進麵包工廠偷吃蛋糕、累了就到海灘睡覺，起床順道游泳洗澡。有次他試圖從一座酒店陽臺偷拿住客的牛仔褲，不小心被逮個正著，糊裡糊塗挨打一頓，警察事後開車把他丟回姆蘭傑山的關口。馬拉威海關沒理會一個身分不明又髒兮兮的小男孩，東重過流浪生活。上帝的憐憫眷顧了他，一名修女開車經過，把他帶回首都的教會扶養。

起先他極排斥讀經認字，亦不信任修女們的關懷。有天夜晚全市大停電，他本來有機會逃跑，卻又捨不得教會供應的美食，況且教堂內外只有他一個小孩，生活快樂自在。天人交戰之時，無意間瞥見床邊一本齊切瓦語版本的新約聖經。修女每天教他閱讀的聖經是英語版本，既看不懂也不願意學，但是齊切瓦語的聖經倒使他燃起好奇心。「怎麼有人用我們的語言翻譯白人的書呢？」他問自己。他向修女借了蠟燭和火柴，坐在大門前的階梯開始讀經。他隨意翻了幾頁，默讀裡頭的句子，一陣無法言喻的安全感和久違的溫暖襲上心頭。那是媽媽跟他說話時才有的感覺，三年後竟然在意想不到的異地重溫。他很懷念以前的日子，想念父母、想念以前的鄰居和朋友。他明白這不是一場永遠不會甦醒的惡夢，是無法回頭的真實。他忍著思念和激動把整本聖經讀完，對著即將沒入西方山稜的滿月做了人生的第一道祈禱。

當天下午，他告訴神父：「爸爸，我想受洗。」

【市場】

他非常感恩修女的仁慈。「她的墓園在山上。」他指向山頂一處漂亮的墓園，明顯有人負責打理。他拿起鑰匙，開門進去。我在門外已對著凌亂不堪的環境瞠目結舌，往內一看更難以置信。「這是我的家。」他站在一旁看我發愣。我知道百姓的生活條件普遍不好，卻不曾親訪住家。「油漆味很濃厚。」一股刺鼻的化學味幾乎滲進衣服裡去。房間面積極小無比，不到十平方公尺，所有的財產家當全在地上。衣物成堆的床鋪邊沾染塵土，棉被邊絮黑壓壓。大小不同的鍋碗堆疊牆角，一整排的水桶鍋瓢貼齊牆邊。後邊一整袋髒汙的東西是煤炭，門邊是食物貯存區。「早餐很簡單，一顆雞蛋與兩片吐司，偶爾拿顆番茄。」他說。床墊是屋內唯一能坐著的地方，十平方公尺的紅地板上，僅有讓人睡覺的床墊棉被和簡陋的廚具用品，唯一的裝飾是鐵皮屋頂下懸掛衣服用的鐵絲。

能否想像這種生活？打水燒炭過日是什麼感受？

三十歲的你，手上擁有什麼？經歷了什麼？習慣什麼？

你有數萬資金的銀行存款；你取得了大學畢業證書並去了加拿大打工度假；你習慣網購與電熱水器，還有冷氣房裡的電腦時間。三十歲的他，白屋裡邊是他一生累積的資產，二手的華為手機是價值最高的物品，價格一萬五千克瓦查，約五百五十新臺幣。他非常寶貝這部手機，那是下班後唯一的聯繫渠道；付不起昂貴的網費，免費的足球廣播是最好的娛樂。

「你住在這裡？」我緊皺眉頭。環顧房子的每個細節，壓迫感很重。

「對。」他背光站著，我看不清他的表情。「剛建好一年，很貴，每月房租吃掉二萬。」

「二萬？」我大吼。「你一個月只賺六萬，租個房子就要三分之一，怎麼不找更便宜的房子呢？」我馬上意識到這個問題傷害到他。

「你以為我沒找過嗎？你們白人太舒服了，不知道疾苦。」他很不悅，我盤腿坐著不敢多話。床墊上的衣服散發霉味，鐵絲架懸吊的牛仔褲又掉落幾個小土塊，敲打我的頭頂。

二〇〇五年六月，十五歲的東完成八年的小學學業並通過升學會考，準備到城裡一所私立中學讀書。上蒼玩弄命運，一向照顧他的修女在山區患了霍亂，來不及回到首都急救。修女過世後，能幫

他說話的人不在。神父要求東半工半讀，不得再依賴教堂過日。馬拉威經濟正值衰敗，通貨膨脹搞得人心惶惶。募款捉襟見肘，教會自身難保，無法繼續撫養他。神父允許他住在教堂宿舍，前提是他必須自己籌學費。他放棄私校的夢想，憑著優秀的會考成績到附近一所公立中學報到。上帝關了一扇窗，卻也開了一道門。開學當天，校長坐在辦公室檢閱新生名單，發現一名男孩的成績意外地高，趕緊吩咐主任把他從教室帶來辦公室瞧瞧。氣質高雅、舉止穩重，與其他部落學生相比，素質高下立判。

校長聽取完他的故事，很想替他做點什麼：賺點零用金是可行的。校長任命他擔任班導師的教學助理，為老師做點行政雜務，每日收入是二百克瓦查（等於現在的五百）。這筆錢足夠讓他自理三餐。當時的馬拉威沒有所謂的學費減免條款。校長明白東沒有錢，但是亦不可能減免（沒有法源可循），更甭談替他交錢。校長收入豐厚，卻要養育五個子女，東仍得想方設法籌錢。十五歲的年輕男孩，臺灣給得起這個年紀的人一個做夢的空間，馬拉威給不起也不容許。導師敬佩他，將他介紹給姑媽認識。老師姑媽是個利索的生意人，精打細算、眼明手快、性子直率。她沒有兒子，兩個女兒已出嫁。看見東一身清秀，打從心底喜愛這個男孩。「我的姑媽很照顧我，總說我是上帝送給她的乾兒子。」他從鄰居家借來一座小爐灶，又從牆角的麵粉袋拿出煤炭堆砌生火。「倘若不是老師的關係，我或許會去賣毒。」他蹲著搧風，轉頭對我笑。那時候的東沒有工作經驗，不曉得商場的陰險利害。幸好遇上好心的老師與姑媽，沒被現實打得太淒慘。

下午三點放學後，他火速跑往市場接替姑媽看守二手成衣的攤位。滿載二手成衣的貨櫃車一輛一輛地駛過邊界，批貨送往加工廠重製，最後出廠的成品流入市場。馬拉威的工業水平低落，外國貨等同不言而喻的品質保證。即便成衣鞋類這類的輕工業，外商成品的質量遠比本地工廠堅韌數倍。有些工廠還盜印各式各樣的外企商標，純樸的非洲人不疑有他。批貨時，姑媽絕對優先挑選印有中文和外國圖標的鮮豔衣物。「這樣銷量才好。」姑媽告訴他。「你得了解人們相信什麼，再把他們相信的東西抓出來，這樣賣得又快又多。」

一個學期的學費是五千，對於東不是難事。成衣販售的工作讓他學習不少生意手段，收入也不難看。他的同學寫作業寫得很小心，盡量珍惜橡皮擦的用量，他卻有能力買上一個新書包。對於他喜歡的女孩，一個嶄新的手機就是完美的情書。「有得就有失。」他煮好一鍋的小魚乾，盛到鐵盤上。「同學很嫉妒，我免不了偷竊的風險，無論上下課總是背著書包走來走去。」說著就笑了。我可以想像那個畫面。

沒多久，他自己租了一個小房，搬出教堂。二〇〇九年一月，姑媽退休，把攤位轉讓給他。這時候，東已是中學四年級的準會考生，還是足球校隊的前鋒。一身高挺健壯、眼眸深邃、鼻梁高挺，踢球時的怒吼所散發的男子氣概吸引全校女孩的青睞。

「每天在市場，常有女同學的媽媽過來問我要不要娶他們的女兒，還說我能住進去一起生活。（中南部是招贅文化，北部是嫁娶社會）」他把馬鈴薯放在地上切。

「地上有灰塵啊！」我拿起他切好的一塊，黃澄澄的沾滿小石礫。

「洗一洗就好，還能吃。」他瞥一眼，不理會我的大驚小怪。

他嘗試擴大生意範圍，做起玉米粉批發。好景不常，物極必反，他下訂的第一批貨馬上出事。「出貨那天下大雨，馬路坍

塌，卡車翻覆，整整七十萬（約二萬五千新臺幣）價值的玉米粒白白浪費掉，洪水沖得全軍覆沒。他只好認倒霉，賠錢了事。」二萬五千對於我們並非小錢，馬拉威人眼裡更龐大。他們看待一萬克瓦查的感受，大略接近我們看待十萬新臺幣的態度。那次的損失幾乎賠掉所有有價財產，體無完膚，連姑媽的攤位都保不住。老師調職多月，七十歲的姑媽束手無策，他無臉面對。此時距離會考剩下不到四個月，首要任務是專心準備考試，東卻沒得選擇，得儘快自立再起，四處打工賺錢養活。唯一安身立命的房子若再失去，準備當乞丐。

每天睜開眼，除了學費和考試費，還要面對生活費及房租，總和近一萬克瓦查。「每日零工賺一千，根本存不了錢。我到工廠面試，老闆見我還沒畢業，直言不要我。」

如果玉米粒的事件不曾發生過，我並不需要煩惱這些錢，賣衣服的收入綽綽有餘。那時他才理解，貪心可以殺人。會考前兩個月，同學衝刺進修，東仍在餐館間進進出出。印度老闆無休止地咆哮辱罵，壓力難以想像之大，晚上九點回家後徹底沒力溫書。上課睡覺、下課打工，數月夜以繼日，成績一落千丈。會考成績出爐：四十九級分。分數過多，既不能申請大學，更不能幫助他求職。

【定調】

「我的青春充滿掙扎。」我們坐在門外臺階，聽他描述我從來想像不了的過去。「年輕太自滿，摔跤得厲害。」玉米粒事件之後，人生定調。他沒有時間再準備下一年的考試，當前最要緊的事不是學歷，而是繳清房租。回去教堂？他的自尊替他打消這個念頭。十年之間，東做過的基層工作形形色色：購物中心收銀員、中國商鋪宵小監看員、應召站公關和連鎖速食店ＫＩＰＳ洗碗工。經濟年年敗壞，無預警裁員稀鬆平常。失業率高攀的二〇一〇年代，薪水貶值，物價飆漲。為了生存，東踏入毒品事業。

「販賣毒品的收入很好，快速存錢。只要有銷路、敢與黑社會打交道，買賣不難。」毒品行業不怕業務開拓，因為客戶遍地全球。那段時日，東的月收入超過二百萬克瓦查，買輛二手車輕而易舉。他的販售市場從演藝圈擴展到警界，有些無法維持家計（政府遲發薪水）的警員甚至與他合作。警界人脈廣闊，東簡直如虎添翼。「按照當時態勢，一年後就能買房。」突然，一個道上朋友在坦尚尼亞失聯，東查覺不對勁。這位毒販在三蘭港被逮捕，法院判處死刑，公開槍決。他猛然想起當年在邊界收容他的修女，潸然淚下。二〇一七年九月，東洗心革面。舊城區購物中心即將開張一家新書店，預定招募六名店員。東站在玻璃門前，不猶豫地挺身走進去，對著監工的印度老闆毛遂自薦：

「老闆您好，我想應徵店員。」

◆

扣掉房租，剩下四萬。一袋煤炭五千，一包吐司一千一百、一公斤番茄一千六百，三十顆盒裝雞蛋四千、一顆高麗菜（僅夠存放一週）二千，一個月食膳費用總計至少一萬三千七百，拜通貨膨脹所賜。

「剩下的錢怎麼用？」

「物價漲得不像話。怎麼用？存起來，省吃儉用，存多少算多少。」他收拾盤子，端到門外臺階邊，舀水洗碗。

「不用肥皂？」我起身拿起窗臺旁的一塊綠肥皂，東揮手拒絕。「不要。用肥皂多浪費，盤子沒那麼油膩，有辦法洗乾淨的。」我默默地把肥皂放回去，能省則省。他自己有個小爐盆，三餐靠這解決，亙古不變。生計與時間掛鉤，醫雪餐氈。早上五點起床，迅速換上工作服，再拿起鋁鍋盛水，開門蹲坐階邊刷牙洗臉，五分鐘解決。他的鄰居煮早飯，順道幫他生火煮水以節省時間。「如果鄰居不在，吃點吐司就出門，沒時間生火。」

水煮開後，他從床墊旁拿來鋁鍋，把一些水倒過去。「你要洗澡嗎？」

「你洗吧。」我不想麻煩他再為我煮水。「你去洗澡，我幫你煮蛋。一顆就好，我不吃。」他沒多少錢，我不能消耗他的糧食。晚上九點下班回到家後，照樣得與時間競賽。夏季大雨頻繁，烹煮難上加難。現在冬季不下雨，他和鄰居蹲坐在外搧風點火。火候足兒，馬鈴薯塊與玉米粉丟進去，美味佳餚煮成。每到發薪日，他必定到市集買點魚乾為往後幾天添菜。本月薪水遭劫，估計這陣子吃得少些。我總認為生火是件耗上半小時的麻煩事，東竟然能在五分鐘內讓火焰燒得宛如噴燈再現。

「你們白人都忘了先祖的本事。」他問我要不要嘗試，我直講不會，他笑了。「就把這些煤炭堆起來，放點樹枝，火柴點燃就得了。」他欣然輕鬆地升起大火。倒進食材舀煮，十分鐘完成四盤菜，我無話可說。

馬拉威生育率極高，每年自然增加一百萬人。僧多粥少，緩慢的住建速率跟不上快速增長的青年人口，房租年年攀高。高通膨低薪資的社會，年輕人看不見前瞻性的未來，只求安穩過日。

東在書店工作三年有餘，每月省吃儉用累積不少存款。為了實現共組家庭的夢想，他與女友決定搬家。透過神父介紹，他們搬進這間剛粉刷落成的小房子，後邊丘陵剛好是修女的墓園。買不起飲水機，民生用水全是井裡打上來的地下水，飲用與洗滌的水裝在不同的桶子。藍桶用來洗刷，綠桶的水才是煮過的飲用水。地上散放的塑膠杯和鐵盤鋁鍋都是廚房器具。他與女友半年前各拿出一半的存款買下這些器具，算做成家計劃的第一步。整間屋子只有一扇窗戶，平時不打開。窗台上放了兩枝牙刷，好似爆炸人造花，造型可怕。窗戶旁掛著一個全新的背包，是鄰居感謝他幫忙主持結婚典禮而贈予的禮物。

他上次買背包是讀中學的時候，十幾年前的過去。

【電鍋】

全國停課的前一週，伍老師合約期滿回國。臨走之前，把從澳門帶來的電鍋轉送給我，而這個電鍋的確陪伴我度過許多暴動缺糧的艱苦歲月，直到離境前一個月。我突發奇想：為什麼不送給他煮飯？以後他就能用電力煮飯，方便又省時。之前見他被煤煙熏得淚涕橫流，喉嚨難受，毫無品質可言。隔天早晨又一如往常地生火燒飯，還得抓著水瓢蹲梯洗臉。我希望東擺脫這種沒品調的生活

——早晨不再匆忙，傍晚不必躲著濕漉雨天搗鼻燒炭。

同個時間做兩件事，不是很好嗎？中午從部落家訪回來後，我跑回宿舍，從衣櫃拽出布袋打包電鍋，順道塞了先前漢語橋比賽贈送的洗碗精和一大罐老乾媽豆瓣醬。黃昏時刻，我到書店門口等著他。一打開袋子，喜出望外，深俊鼻梁的眼眸睜得明亮。「上次用電鍋的時候，我還很小。」

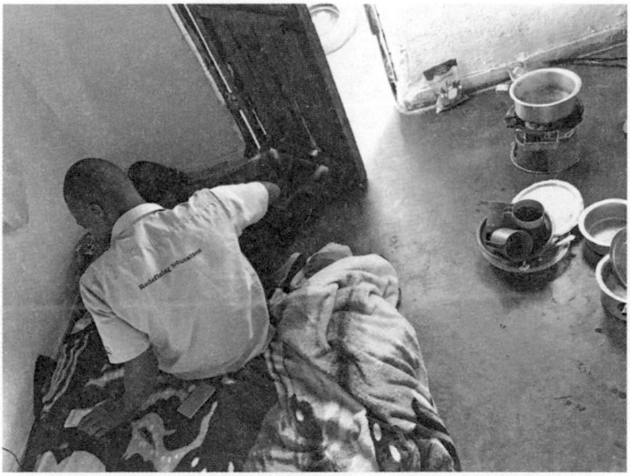

「幾年前的事？」

他歪頭心算一會。「家裡出事的那年。」一頓時覺得我是個天下白痴，趕緊轉移話題，不敢激起傷心事。「我教你怎麼用吧。你拿一枝麥克筆，我們把上面的中文改成英文。」

「它可以煮水嗎？」

「當然可以。」我拿出內外鍋教他用。「以後洗澡不用生火了。」

科技解決問題，電鍋昕夕為他節省大量時間。早上盥洗不再壓力頂天，晚上洗澡的心情輕盈不少。他終於可以舒舒服服地早點做完家事，躺在床上打電話談天說地。電鍋按鈕跳動的聲響總是提醒他一直惦記的規劃——賺錢。要賺更多的錢、買更好的電子產品，讓生活更快樂。他靈光乍現：「既然電鍋

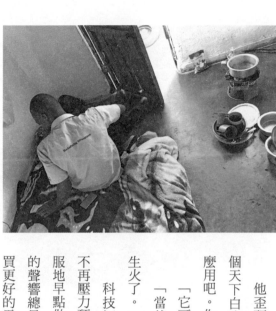

這麼好用，為何不拿它做生意？」一星期日不上班，上午去教堂做禮拜，下午回家換上短褲汗衫，從塑膠袋倒出方才在市場買來的雞腿和雞胸肉，丟在平常使用的鋁鍋裡沖洗。接著按下電鍋，去完血再進行二次料理。村子的黃昏市集聚集人潮，三姑六婆奔走相告——有個年輕人販賣的熟雞肉特別清香，不知道怎麼做的。尤其那個辣椒醬沒聞過，吃了上癮。

「電鍋太有效率了！只要沒停電，省時又賺錢。」現在的他有了賺錢的額外管道，身心多了自由，租處的物質水平愈來愈好。他甚至能撥給女友零用金，上大學不煩惱缺東缺西。女友透過同學介紹，加入電話卡傳銷行業。週末傍晚與戰友穿上電信公司發配的背心，穿梭市中心向人兜售網路儲值卡。「一張2GB要二千五百。你買兩張更划算！四千五百就好，再送你一張Gwamba的專輯。」

我在市政府巧遇她，瞧她滿面春風，問她賺了多少錢。「八個小時，五萬進口袋。」她笑容燦爛，像一朵玫瑰。雖然這是抽成前的金額，整體而言仍是很可觀的數字。

二月中旬他結婚。我獨自開車過來，發現教堂停滿豪車，嚇一跳。

「外面很多豪車，都是你的貴賓？」我回頭指向一輛左駕的Volvo。

「他們是教友。市政府幾年前把這個區域規劃成高級住宅區，有錢人都搬來了。這座教堂是這一帶規模最大的，自然而然吸引不少信眾。去年十月通過申請，現在有專屬的廣播電臺。」

我看見了招牌，嶄新白淨。他牽起我的手，走進大門，登上舞臺，向所有人介紹我，我是婚禮唯一的外國人。證婚儀式開始，神父前來握手並引我坐到最前邊的位子。

「這個就是修女扶養我長大的教堂、我的故鄉。」他說。

塞草寒煙帶夕曛，十字架前鑼鼓喧天、合聲悠悠。這是當年挽救他的聖所、未來成婚的聖地。夏季結束，孟秋伊始，下一段非洲故事將在何地結緣？

部落

鄉村的電影院。

鄉村的電影院。

一般民宅沒有冰箱，也沒有電可以用。食材每三天替換一次。

手工羊舍。

雜貨小鋪，柴米油鹽醬醋茶面面俱到，甚至還販售網路流量。

鄉村青年想翻身，國家會考是唯一的渠道，有志青年的升學壓力也很巨大。

家族的男孩子一旦成年，必須仰仗自己的力量在老家附近選地、砌磚、造房，竣工後才稱得上自己是一個獨立擔當的成年男人。

（接續左圖說）這是馬拉威南部的傳統觀念，現代社會允許變通：自己先工作掙錢，日後再雇人蓋房，不靠家裡任何一分錢。

城市

海神花酒店是馬拉威歷史最悠久的酒店，英國殖民時代創辦至今屹立不搖。一客自助餐價位是三萬克瓦查，超過小學教師最低薪資的三分之一。

十年前，英國商務客是主要的投資戶，今日客群則轉為中國。

布蘭太爾是高雄市的姐妹市之一，高級住宅區的一條主幹道就以高雄市的英文名稱命名。

南部大城布蘭太爾是全國的金融中心。

無論國家如何窮困，仍然有一定數量中產階級和有錢人士。

2018年第一屆觀光旅行展覽會遊行

展覽會目前只舉辦過一次。原住民的民俗舞蹈吸引都市居民觀賞。

肯德基

大門三個廣告牌，上面寫著齊切瓦文的招呼單詞。為了立足本地的快餐市場，肯德基在看板上也做了功課。「Mwalandiridwa」就是「歡迎」；「M'mtendere」就是「和平」；「Chikondi」就是「愛」。

馬拉威也有肯德基，全國僅有兩家分店，分別在里郎威和布蘭太爾。最便宜的套餐要價三千六百克瓦查（約一百三十新臺幣），城市居民習以為常，部落的民眾則沒辦法負擔。

結語

撰寫這本書，前後費時四年，尤其後兩年的影響甚鉅。四年之久，變化萬千。書中的學生和職員皆已離校多年並另尋高就，至於地點和社會情況更是滄海桑田。

新冠肺炎流行的緣故，馬拉威的治安和經濟迅速惡化，社會不如十年前穩定，書裡面描繪的馬拉威已經不存在，只許參與過那段平安時日的人們默默追憶。

受惠於學生所信仰的阿拉真神之眷顧，瘟疫大流行期間匆忙畢業的青年們沒有受到暴亂的衝擊，全數安然找尋到所渴望的人生軌道，一步一步實踐目標。這本書是贈予他們的祝福。

國家圖書館出版品預行編目資料

裂谷邊陲等待雨臨，我們在馬拉威教中文的日子／武皓詠著. -- 初版. -- 臺北市：臺灣東販, 2022.08
260面；14.7×21公分
ISBN 978-626-329-358-8（平裝）

1.CST：文化 2.CST：社會生活 3.CST：通俗作品 4.CST：馬拉威

768.49 111010059

裂谷邊陲等待雨臨，
我們在馬拉威教中文的日子

2022年8月1日初版第一刷發行

作　　者　武皓詠
主　　編　陳其衍
封面設計　水青子
發 行 人　南部裕
發 行 所　台灣東販股份有限公司
＜地址＞台北市南京東路4段130號2F-1
＜電話＞（02）2577-8878
＜傳真＞（02）2577-8896
＜網址＞http：//www.tohan.com.tw
郵撥帳號　1405049-4
法律顧問　蕭雄淋律師
總 經 銷　聯合發行股份有限公司
＜電話＞（02）2917-8022

TOHAN